学前教育专业规划教材

幼儿园班级管理

YOU'ERYUAN BANJI GUANLI

主　编　刘志慧　张雪艳
副主编　黄　雪　丘　静　王一雯　朱利梅
　　　　朱艳丽　刘　瑶
编　委　刘志慧　张雪艳　黄　雪　丘　静
　　　　王一雯　朱利梅　朱艳丽　刘　瑶
　　　　陈　优　王思菲　廖　慧

西南师範大學出版社
国家一级出版社　全国百佳图书出版单位

图书在版编目(CIP)数据

幼儿园班级管理 / 刘志慧, 张雪艳主编. — 重庆 : 西南师范大学出版社, 2018.7(2022.7 重印)
ISBN 978-7-5621-9384-5

Ⅰ. ①幼… Ⅱ. ①刘… ②张… Ⅲ. ①幼儿园—班级—学校管理 Ⅳ. ①G617

中国版本图书馆 CIP 数据核字(2018)第 102994 号

幼儿园班级管理
YOU'ERYUAN BANJI GUANLI
刘志慧 张雪艳 主编

策　　划：杨景罡 钟小族
执行策划：熊家艳 周明琼 翟腾飞
责任编辑：时曼卿 张燕妮
装帧设计：尚品视觉 CASTALY 周 娟 钟 琛 何欢欢
排　　版：吴秀琴
出版发行：西南师范大学出版社
地址：重庆市北碚区天生路 2 号
市场营销部：023-68868624
邮编：400715
印　　刷：重庆长虹印务有限公司
幅面尺寸：185 mm×260 mm
印　　张：12
字　　数：233 千字
版　　次：2018 年 8 月 第 1 版
印　　次：2022 年 7 月 第 5 次印刷
书　　号：ISBN 978-7-5621-9384-5

定　　价：39.00 元

学前教育专业规划教材

ZONGXU 总序

党的十九大报告指出,我国社会主要矛盾已经转化为人民日益增长的美好生活需要和不平衡不充分的发展之间的矛盾。在学前教育领域,就是人们日益增长的对高质量学前教育的需要和学前教育质量不平衡不充分发展之间的矛盾。目前幼儿教师的专业性薄弱成为制约学前教育发展的关键因素。为了满足社会对优质学前教育人才的需要,我国必须建立健全应用型学前人才培养机制。2010年,《国务院关于当前发展学前教育的若干意见》中指出“师资队伍不健全”是学前教育薄弱环节的主要表现之一,提出要“完善学前教育师资培养体系”;2014年,《国务院关于加快发展现代职业教育的决定》再次强调:“在学前教育、护理、健康服务、社区服务等领域,健全对初中毕业生实行中高职贯通培养的考试招生办法。”可见,师资培养已经成为当前学前教育发展的重中之重。

教材建设是幼儿教师教育改革的重要环节,直接影响着未来幼儿教师的专业素养。我们立足于学前教育师资培养的实际,着眼于夯实学生的基本理论和基本能力,培养符合时代要求、具有良好专业素养的新型幼儿教师,力求体现时代性、科学性和实践性,组织编写了本套教材。教材的特色体现在以下几个方面:

1.编写队伍上,阵容强大,经验丰富

本套教材的主编、副主编及参编人员来自各级各类院校、教研机构以及一线名园,他们均长期从事相关专业工作,有着扎实的理论基础和丰富的实践经验。

2. 内容选择上，以生为本，适应学情

教材编写强调以学生为中心，融合“教材即学材”的理念，符合职业教育的培养目标与学生认知规律，适应学生的学习能力和自主学习的需要。

3. 呈现形式上，创新模式，易教利学

融入多种板块（如学习目标、学习重难点、知识结构图、案例导入、本章小结、思考与练习）和学习材料（资料链接、人物介绍、拓展阅读），部分学科采取以项目执行来设置教学单元，增强了可读性，易教利学。

4. 配套资源上，立体建设，拓展资源

配合教学中的教、学、做、测各环节，采用不同的技术手段，开发了多样的教学资源，具体包括PPT、典型案例、题库、名师名课视频等等，为教学提供全面支持。

总之，本系列教材注意了课程结构，反映了各门课程结构之间的联系和衔接，内容分配合理，既相互联系又相互区别，在帮助学生尽快掌握幼儿教育的基本理论和从事幼儿教育工作最基本的工作技能等方面做了有益的探索。

最后，要感谢参与本系列教材编写和审稿的各位老师所付出的大量辛勤劳动，也要感谢西南师范大学出版社职业教育分社的编辑们对本系列教材的支持和编辑工作。由于编写时间紧、人员能力有限等原因，本套教材还存在一些不足。在使用本教材的教师和学生的关心和帮助下，我们会不断改进和完善这套教材，促进我国学前教育专业的教学改革和课程建设，提高人才培养质量，进而促进学前教育质量的提升。

杨晓萍

2018年6月

QIANYAN 前言

幼儿园班级是幼儿园进行保教活动的基本单位,它直接关系到幼儿的保教质量、幼儿园的发展层次和水平。作为幼儿园的基层单位,其与幼儿园宏观系统相互依存。幼儿园开展的任何活动,无论是保育活动还是教育活动,都需要依靠幼儿园班级的行动和支持。因此,幼儿园班级管理对幼儿发展和幼儿园发展具有重要意义和价值。

本书由来自全国不同地区不同岗位的学前教育工作者共同编写完成,他们既有从事学前教育研究工作的高校学者,亦包括实践经验丰富的学前教育研究员和幼儿园一线教师。编写人员分别是来自于河北大学的刘志慧,四川眉山职业技术学院的张雪艳,重庆青年职业技术学院的黄雪,重庆市云阳教师进修学院的丘静,阜阳师范学院的王一雯,重庆人文科技学院的陈优,眉山市第一幼儿园的朱艳丽、刘瑶、廖慧,眉山市东坡区第一幼儿园的朱利梅,以及眉山市东坡区实验幼儿园的王思菲。具体分工如下:前言(刘志慧)、第一章(刘志慧)、第二章(黄雪)、第三章(丘静)、第四章(王一雯)、第五章(陈优)、第六章(张雪艳、朱利梅、朱艳丽、刘瑶、王思菲、廖慧)。最后由刘志慧老师统稿、定稿。

本书分为六章,分别是幼儿园班级管理概述、幼儿园班级安全管理、幼儿园班级一日活动管理、幼儿园各年龄班的班级管理、幼儿园班级家长工作管理、幼儿园班级中的其他管理工作。西南大学杨晓萍教授、江西师范大学裘指挥教授指导、审阅和校正了本书的章节结构安排。

本书在编写、出版过程中，自始至终得到了西南大学杨晓萍教授的指导和帮助，在此表示诚挚的谢意。此外，各个编写组成员所在单位也对本书的编写予以了大力支持，西南师范大学出版社职教分社的领导和编辑为本书的编写工作付出了大量心血，在此向各位领导和编辑表示本书编写组的感激和谢意。

MULU 目录

第1章 幼儿园班级管理概述

班级是幼儿园的基本单位，是幼儿园教育活动组织与开展的核心场域，因此，幼儿园保教质量的层级和水平取决于幼儿园班级管理中保教质量的情况。本章旨在阐释和厘清班级、幼儿园班级以及幼儿园班级管理等基本概念，且探析幼儿园班级管理原则、过程等基本问题。

【学习目标】

1. 理解班级和幼儿园班级的内涵。
2. 理解幼儿园班级管理的内涵和原则。
3. 掌握幼儿园班级管理的过程。

【学习重难点】

理论联系实际，能够联系幼儿园班级管理的实际情况理解幼儿园班级管理的主体性原则、整体性原则、教育性原则以及伦理性原则等，并将其合理运用于幼儿园班级管理活动之中。

【知识结构图】

- **幼儿园班级管理概述**
  - 班级和幼儿园班级的内涵及特点
    - 班级的内涵及特点
    - 幼儿园班级的内涵及特点
  - 幼儿园班级管理的内涵和原则
    - 幼儿园班级管理的内涵
    - 幼儿园班级管理的原则
  - 幼儿园班级管理的过程
    - 计划
    - 组织
    - 指挥
    - 控制

第一节
班级和幼儿园班级的内涵及特点

一、班级的内涵及特点

（一）班级的内涵

班级是社会组成部分之一，具有其他社会群体所具有的共性。社会学视角下，人们对社会的理解主要包括两个维度，分别是群体维度、关系维度。沃勒为代表的学者将社会理解为社会群体，是个体所构成的集合体。以此界定班级的存在属性，班级是按照一定原则由不同个体所构成的社会群体。帕森斯为代表的社会学家从关系的视角厘清社会本质，认为关系是社会的本质属性。依照此逻辑，班级则是由师生、同伴等构成的社会关系。从群体维度解读班级，强调从个体和群体两个剖面透视班级，既关注班级中的个体亦眷注班级中生命个体的存在。从关系维度解读班级着重强调由个体所构成的关系。从两个维度解读班级各有侧重点，而班级作为学校的教育单位，对其概念界定需回归到教育语境中。教育是有目的、有计划、有组织地对受教育者的身心发展进行培育的活动。因此，在教育语境中，重点关注的是作为个体存在以及群体存在的受教育者，依照这一内在逻辑，将班级定义为社会群体能够凸显和体现班级的教育特质。而如果将班级定义为由受教育者构成的社会群体则忽略了教育者在班级中的地位和作用，并且也不符合教育实践中将教育者（班主任以及任课教师）涵盖在班级中的实践认识。综合以上，班级可定义为由教育者和受教育者构成的社会群体，其特殊性就在于组成成员是教育者与受教育者，其目的在于促进受教育者的发展，其交互方式是教育者与受教育者的相互作用。

（二）班级的特点

1. 社会性

“马卡连柯认为集体需要体现社会需要和教育目的的‘要求’，作为社会组成部分的班级必然受制于宏观社会的发展状况及其要求的制约。”[①]班级的社会性决定于班级中人的社会性以及教育的社会性。一方面，组成班级的教师和学生是社会性的存在。马克思、恩格斯提出社会性是人的本性，“人天生是社会动物，绝不可能在孤立单个的状态下进行生产和再生产；那种把私有的单个的人作为历史出发点的观念，是‘属于十八世纪缺乏想象力的虚构’……”[②]由此，作为班级组成成员的教师和学生不是孤立的、单独的、个体化的存在，而是群体的、关系的、社会的存在。这就决定了受教育者在以班级为组织形式接受教育的过程中不仅仅关系到个体的生存和发展，还决定了教育过程关系的社会群体的发展，需要考量和关注到社会发展的需求。另一方面，班级的社会性由教育的社会性所决定。教育作为人类社会大系统的构成部分，必然具有公共特性。它在社会系统运作中发挥着必不可少的重要作用，担负着为社会生产发展培养输送人才的重任。而班级作为教育体系中的微型单位，其组织运营的目的、过程、内容和结果必然需要以教育目的为轴心，教育目的、内容、规律决定了班级发展的目标、过程和组织方式。由此，教育的社会性决定了以其为本源的班级的社会性。

2. 生命性

以叶澜先生为代表创办的生命·实践教育学派认为“人的生命是教育的基石，生命是教育学思考的原点。在一定意义上，教育是直面人的生命、通过人的生命、为了人的生命质量的提高而进行的社会活动。”[③]班级作为特殊的社会群体，生命性是其区别于其他社会群体的本质之处。班级存在的基点和归宿在于发展人的生命，为人的生命的自我更新和发展创造舞台。为此，班

① 齐学红主编. 班级管理[M]. 北京：北京师范大学出版社，2015.

② 丁学良. 恢复马克思主义关于人的社会性思想的本来面目[J]. 复旦学报（社会科学版），1981（01）：47-53.

③ 叶澜. 为“生命·实践教育学派”的创建而努力——叶澜教授访谈录[J]. 教育研究，2004，（2）.

级应该基于学生的生命，通过学生的生命和为了学生的生命。首先，班级应促进学生的“生命自觉”意识。学生在班级之中并不能因其处于尚未成熟的发展状态而成为有待被安排和处置的个体，而是应该点燃其内在的生命欲望，教师智慧的引导能够成为学生内在生命发展和成长的契机，从而达到“弘毅进取”的生命自觉的状态。[①]其次，生命关系是班级关系的存在状态。班级内的生生关系抑或是师生关系的理想状态是马丁·布伯的“我与你”的关系状态，在这种关系中任何一方都非是他者的工具。在班级中，教师虽是俯首以让学生得以实现生命发展的“孺子牛”，但是并非可以作为退却教师生命本性的理由和借口。在教育中唯有教师作为生命主体的本性得以尊重和弘扬，方能助力学生的生命发展。因此，班级中的主体是在生命关系中实现了自我的生命自觉与生命发展。

3. 教育性

班级的教育性体现在班级存在的目的、过程以及结果之中。首先，班级产生的源头在于促进学生提高、发展。班级授课制源于文艺复兴之后，教育大众化的发展趋势致使受教育者的教育需求增加。夸美纽斯理论阐述班级授课制产生的原因为“这种教育将不是吃力的，而是非常轻松的。课堂教学每天只有四小时，一个先生可以同时教几百个学生，而所受的辛苦比现在教一个学生少十倍”。如此，“学生在集体中受教可以相互激励，便于提高教学效果”。由此可见，班级授课制产生的原因在于扩大教育范围，提高教育效率。其次，班级实践的过程是教师和学生在交互活动过程之中实现受教育者身心全面发展的受教育的过程。所谓教育性实践，是指基于教育的立场与视角，学生在教师的指导下，通过体验、操作、观察、实验、调查、合作、探究等方式综合运用知识去解决问题，以提升学生创新精神与实践能力，促进学生的全面发展的一种实践活动。[②]最后，班级发展的终点在于学生知情意行的全面发展，阻碍和背离这一目标实现的班级必然需要不断地变革自身的存在形态和发展方式。

① 李政涛. 生命自觉与教育学自觉[J]. 教育研究，2010(04)：5-10.

② 曾素林，彭冬萍，刘璐. 教育性实践：含义、价值及路径[J]. 教育学术月刊，2017(12)：12-17.

4. 系统性

诺维科娃在集体教育学中指出“班级的组织模式应该在横向关系和纵向关系上趋于系统化，作为一个系统的班级，不仅仅体现在小组集体的建设，而且体现在小组之间的联系和作用以及由此形成的集体效应。”[①]班级之所以可以作为一个组织的原因是按照一定的结构和形式，班级内的各种要素联结成为有机整体。而班级的系统性根据范围大小可以从两个方面理解。一方面，在单个班级之中，构成班级的职权结构、角色结构以及信息沟通结构将班级内的各种要素组织起来以促进班级功能的发挥。[②]班级中班主任、班长以及其他班级管理者和学生在班级中扮演不同的角色，承担相应的权利与义务，在纵向和横向交互的信息传递与沟通过程中推动班级的运转。另一方面，多个班级之间亦相互联系，从而推动学校系统的运转。各个班级之间以显性的年龄结构、隐性的能力结构以及知识结构相互联系，有机运转。在学校系统中各个班级均扮演不同的角色，承担差异化的职责，享受相应的权利。

二、幼儿园班级的内涵及特点

（一）幼儿园班级的内涵

幼儿园班级是班级的下位概念，其享有班级所具有的一般属性和特点的同时，具有自身的特殊属性和特点。幼儿园班级与中小学班级相比，迥异之处在于班级组成人员的特殊性，这就需要溯源幼儿园的概念。幼儿园是对3周岁以上学龄前的幼儿实施保育和教育的机构，是基础教育的有机组成部分，是学校教育的预备阶段，但是不属于国家规定的义务教育阶段。[③]关于学前教育的年龄在不同时期不同国家的界定有所差别。例如在西周时期10岁以前被称为学前教育。在蒙养院、幼稚园等学前公共教育机构兴起之后，较为明确地界定了学前教育的年龄阶段，壬寅学制规定儿童从6岁起接受4年的蒙学教育。癸卯学制规定蒙养院的招收对象为3–7岁的幼儿。近代以来，我国学前教育的终止年龄定为6–7岁。而在不同国家对学前教育的年龄划分

① 齐学红主编. 班级管理[M]. 北京：北京师范大学出版社，2015.

② 齐学红主编. 班级管理[M]. 北京：北京师范大学出版社，2015.

③ 刘焱主编. 学前教育原理[M]. 大连：辽宁师范大学出版社，2002.

亦存在差别。美国将0-8岁儿童的教育称为幼儿教育，而入学前一年的教育方称为学前教育，早期教育则主要指0-3岁。近年来，一般将2-6（7）岁的幼儿作为幼儿园的教育对象。[①]由于幼儿园班级组成人员的特殊性，所以幼儿园班级与中小学班级的主要矛盾和任务有所不同。相比于中小学以教育作为主要任务，幼儿园班级是对适龄幼儿进行保教的组织。

托幼机构的招生形式主要有两种模式，第一种是以日本、苏联、中国等为代表的托幼机构，托儿所招收0-3岁前的幼儿，幼儿园招收3-6岁的幼儿。另一种是美国、德国、英国等西方国家以5岁幼儿作为分界点，日托中心或者保育学校招收5岁以前的孩子，5岁以后的孩子进入幼儿园。托幼机构的编班形式分为按年龄编班和混龄编班两种形式，目前我国的幼儿园多数采用按年龄编班形式。即按照年龄将幼儿分为小班、中班、大班。[②]

（二）幼儿园班级的特点

1. 保教性

保教并重是幼儿园教育特殊性的具体表现，亦是幼儿园教育的基本原则。《幼儿园工作规程》中提出“幼儿园是对3周岁以上学龄前幼儿实施保育和教育的机构。”同中小学重视学生知识技能的发展相比，幼儿园必须将儿童身心健康的发展、自理能力的培养、生活卫生习惯的养成作为与教育同等重要的任务。这是由幼儿的身心发展特点决定的，幼儿园的幼儿正处于身体发展的关键期，只有其身体获得适宜的发展方能参加正常的幼儿园教育活动。为此，保教并重毋庸置疑是幼儿园中必须予以贯彻和遵守的首要原则。幼儿园班级作为保教活动开展的基本单位，在一日生活中需要贯彻保教原则，将对幼儿的身体看护和照顾与对幼儿的智能教育相结合，从而真正实现保教并重，而非陷入“重保轻教”或者“重教轻保”的窘境。

2. 游戏性

关于幼儿游戏主要有两个命题，即游戏是幼儿的基本活动和幼儿以游戏为基本活动。[③]这在《3-6岁儿童学习与发展指南》《幼儿园工作规程》《幼儿

① 刘焱主编.学前教育原理[M].大连:辽宁师范大学出版社,2002.

② 刘焱主编.学前教育原理[M].大连:辽宁师范大学出版社,2002.

③ 刘焱.我国幼儿教育领域中的游戏理论与实践[J].北京师范大学学报(社会科学版),1997(02).

园教育指导纲要(试行)》中均有所规定。《3-6岁儿童学习与发展指南》中指出"幼儿的学习是以直接经验为基础,在游戏和日常生活中进行的。要珍视游戏和生活的独特价值……"《幼儿园工作规程》中明确提出"以游戏为基本活动,寓教育于各种活动之中"。《幼儿园教育指导纲要(试行)》中亦对游戏作为幼儿园的基本活动进行了确认,提出"幼儿园教育应尊重幼儿的人格和权利,尊重幼儿身心发展的规律和学习特点,以游戏为基本活动,……"这就要求幼儿园班级在课程目标的制定、课程计划的安排、班级环境的创设、课程内容的组织形式、教学模式等方面映射和体现游戏精神,为幼儿游戏活动的开展提供适宜的物理空间和心理环境。如在课程计划的安排上需要体现和满足游戏作为基本活动,要求幼儿的活动时间应该成为在满足进食、睡眠等基本生存需要活动之外的主要活动。此外,班级的游戏性不仅体现在幼儿园活动形式上,还体现在幼儿园活动的实质与游戏精神的契合上,能够让幼儿在自主、独立、创造性的氛围中游戏。

3. 启蒙性

最为大众熟知的关于启蒙的一词是"启蒙运动",而启蒙运动的实质意义是人之为人的意义的照亮,隐藏的含义是祛除对人的错误的认知,接受和实践新的关于人的正确的理念。那么,作为启蒙教育中的学前教育,亦有人之为人的启蒙的意蕴,其所摒弃的是人的动物本性,而开启人的社会本性,而人的社会性的启蒙则是人作为理性之人、情感之人、文明之人等全方位的启蒙。

家庭教育是人最早接受的非正规形式的启蒙教育,而幼儿园则是个体接受正规公共教育的起点阶段,作为学前教育的重要组成部分其担负着启蒙幼儿个体体、智、德、美等全面发展的重要任务。毋庸置疑幼儿园班级作为幼儿园保教活动的承载体具有启蒙性。这需要从两个视角去理解,其一,幼儿园班级在与中小学班级的对比中如何体现其启蒙性。其二,幼儿园班级的启蒙教育和幼儿家庭的启蒙教育的殊异之处何在。幼儿园班级的启蒙性在于为开启幼儿应具备的关键能力提供有意义的经验,其不要求幼儿此刻表现出和获得完善的能力,恰如《3-6岁儿童学习与发展指南》中的健康领域对幼儿的进食和睡眠予以较为详细的规定,其目的在于保证幼儿的身体健康,从而能够为其他能力的获得提供基础。而在中小学的课程标准中则对学生所应实现的基本目标进行了详细的规定。同家庭教育相比,幼儿园作为准公共教育机构的最大特点在于其目的性、计划性与科学性。家庭的启蒙教育是发生在家庭生活中,没有目的明确、计划周详的教育计划和教育活动。而幼儿园的启蒙教育是在教育学、心理学等科学理论的基础上,根据幼儿身心发展规律所制定的有目的、有计划的教育活动。

第二节
幼儿园班级管理的内涵和原则

一、幼儿园班级管理的内涵

（一）管理的内涵

社会科学中管理的内涵具有多元化的特点，不同学者从自身的价值视阈出发对管理进行个性化的内涵界定，从而导致关于管理的定义莫衷一是。当代著名管理学者斯蒂芬·P.罗宾斯（Stephen P. Robbins）认为管理是指通过与其他人的共同努力，把工作既有效率又有效果地做好的过程。亨利·法约尔认为管理既不是一种独有的特权，也不是企业经理或者企业领导人的个人责任，它同别的基本职能一样，是一种分配于领导人与整个组织成员之间的职能，认为管理是实施计划、组织、指挥、协调和控制的过程。H.唐纳利认为管理是一个或者更多的人来协调他人的活动，以便收到个人的单独活动所不能收到的效果。可见，这一定义着重强调管理效果。A.雷恩认为管理是它发挥某些职能，以便有效地获取和分配人的努力和物质资源，进而实现既定的某个目标。H.孔茨认为管理是通过别人完成任务、消除障碍、以个人和合作的方式有效率地完成组织目标的过程。综合各种管理定义，发现其中达成一致的意见是管理是实现组织目标的活动过程，进而理解管理内涵的关键在于活动过程的具体所指，而罗宾斯将活动过程划分为计划、组织、指挥、协调和控制等五个基本单元。综合以上，管理是为实现组织目标而计划、组织、指挥、协调组织各项要素和资源的过程。

（二）幼儿园班级管理的内涵

幼儿园班级管理作为一种管理活动，与其他管理活动相比的差异之处在于组织目标、管理内容以及资源组合的不同，也就是其计划、组织、指挥、协调的具体要素以及预期目标存在差异。对幼儿园班级管理的内涵界定既需要能够体现并反映其所具有的管理活动的本质，又需要能够体现幼儿园班级管理活动的独特性。在管理目标的效率和效益维度，幼儿园班级管理与其他管理活动相比的本质区别在于"成人"与"成事"。叶澜提出"中国教育最大的病根，是以'成事'代替了'成人'，在学校里随处可见教师为事务而操劳，对学生考分、评分、获奖等显性成果的关注，忽视、淡漠的恰恰是学生和教师在学校中的生存状态与生命质量的提升[①]"。幼儿园班级管理的目标是"成人"而非"成事"，成事服务于"成人"。而"成人"即是幼儿生命质量的提升。因此，幼儿园班级管理是为幼儿生命质量的提升而对各种要素和资源计划、组织、指挥、协调的过程。（见图 1-2-1）

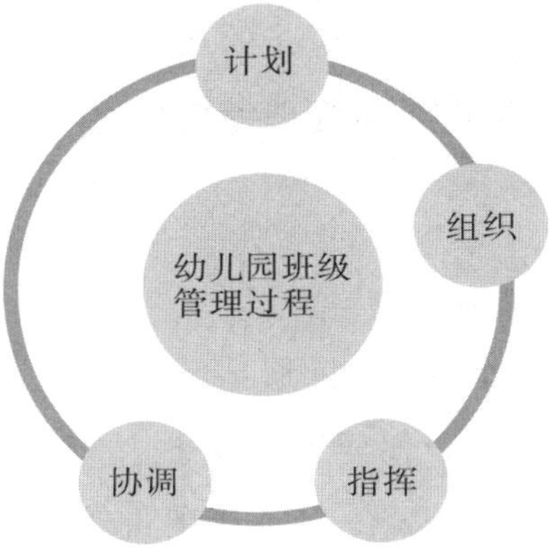

图1-2-1　幼儿园班级管理过程

二、幼儿园班级管理的原则

幼儿园班级管理的原则是反映幼儿园管理活动的本质和运动规律，要求全员必须遵守的管理行为准则。它既受管理的一般原理和原则所制约，又反映出幼儿园管理实践的特殊性质，是现代幼儿园管理的科学指导思想的具体

① 李政涛，叶澜．最能打动我的两个字是生命[J]．教育家，2016(04).

体现。[①]幼儿园班级管理原则主要包括主体性原则、整体性原则、教育性原则和伦理性原则。

（一）主体性原则

主体性原则是指在幼儿园班级管理活动中，尊重教师作为管理者的主体地位，与此同时，充分保障和尊重幼儿的权利和利益。其一，幼儿园教师享有班级管理的自主权。在幼儿园班级管理中，幼儿园需要赋予幼儿园教师切实的管理权力，使其能够在管理中充分发挥其自主性和主动性，而不能够物化幼儿园教师，使其成为工业流程中的产品，执行既定的程序和操作。其二，鼓励家长参与幼儿园班级管理活动。家长是幼儿园班级管理活动的重要参与者和支持者，这是由家长在幼儿发展中的不可替代的作用和价值所决定的。因此，家长的参与不仅可以让幼儿获得如家般的归属感，也能够让家长在了解幼儿园班级管理活动之后，能够积极、主动地配合幼儿园班级管理工作，从而使家庭和幼儿园形成合力。其三，以幼儿为本。幼儿园班级管理活动的终极诉求在于促进幼儿的发展，因此幼儿的权利和利益需要获得优先关照。管理计划的制定、管理活动的开展和管理绩效的评定需要以幼儿是否获得发展为第一因素。

（二）整体性原则

整体性原则体现在两个维度，分别是幼儿园班级管理应该面向全体幼儿和需要统筹幼儿园班级内的全部要素。由此，才能够保证幼儿园班级管理促进全班幼儿共同发展，且能够综合全面利用班级内的各个要素。首先，幼儿园班级管理需要面向全体幼儿。一方面，幼儿园班级管理需要将班级幼儿作为整体，统筹规划班级管理的整体活动，例如幼儿园班级的一日计划、空间安排和布置、班级常规等均是幼儿园班级管理的统筹安排。另一方面，幼儿园班级管理中需要综合考虑每一个幼儿的需要。教师在管理幼儿园班级中极易出现“重两头，轻中间”的现象。发展较快的幼儿或者班级中个别“调皮捣蛋”的幼儿容易受到教师的关注，而在班级中发展既不突出也不为班级管理制造“麻烦”的幼儿成为被教师忽视的对象。实质上，这些幼儿也需要得到教师的关心。因此，在幼儿园班级管理活动中需要根据每个幼儿的发展水平、

① 刘苏主编.现代幼儿园管理理论与实践[M].天津：天津社会科学出版社，2003.

兴趣和特点综合设计适合不同幼儿的多元化的管理活动。以使每一个幼儿在班级管理中都能够获得自我潜能的发挥、自我需要的满足和自我价值的实现。①

其次,幼儿园班级管理需要统筹幼儿园内的各个要素。幼儿园班级管理涉及人、财、物、时间、空间等多种要素的统筹安排。在统筹安排各种要素的过程中需要遵循效用原则和伦理原则。效用原则是指在幼儿园班级管理中需要优化组合幼儿园班级管理的各个要素,综合发挥各个要素的最大价值。价值是效用和耗费的比值,也就是效用越大,耗费越小,价值越大。幼儿园班级管理的目标是以最低的耗费,促进班级幼儿的最优发展。②

(三)教育性原则

教育性原则是指幼儿园班级管理活动都应有利于幼儿园教育目标的实现。19世纪,赫尔巴特提出"教学的教育性原则",其认为"远非"一切教学都是教育性的,教育性教学是一种"使人高尚而不变坏"的教学。依此推理,一切幼儿园班级管理活动都具有教育性,幼儿园班级管理活动应该是利于教育目标实现的活动。幼儿园班级管理中,存在一些管理活动和行为非但不具有教育性,反而阻碍幼儿园班级管理活动的顺利实施。教育性原则又细分为以下几个原则,第一,保教管合一的原则。幼儿园作为对幼儿开展保教活动的基本单位,保育活动、教育活动和管理活动相辅相成,融为一体。如在幼儿园空间管理中,区域教学和集体教学的合理布局需要综合体现管理学中的效率性,又需要体现教育学中的教育性,同时需要关注安全性、健康性等保育问题。第二,价值性原则。幼儿园班级管理活动不同于工商业等其他管理活动,不仅需要坚持管理的科学化和高效化,也需要满足和体现国家、社会以及个体的价值诉求。如培养幼儿的公民意识、道德素质、主体意识等价值理念需要综合反映在幼儿园班级管理活动的过程之中,由此,才能够使幼儿园班级管理活动超越工业模式的限制。第三,生命性原则。幼儿园班级管理活动需要让幼儿园班级内教师和幼儿的生命本性得以显现、生命潜力得以发挥、生命能力得以释放。

---

① 刘苏主编.现代幼儿园管理理论与实践[M].天津:天津社会科学出版社,2003.

② 刘苏主编.现代幼儿园管理理论与实践[M].天津:天津社会科学出版社,2003.

(四)伦理性原则

伦理性原则是幼儿园班级管理获得合法性与合理性的保证。所谓伦理性原则是指在幼儿园班级管理活动中所体现的人际关系需要符合伦理要求。幼儿园班级管理中涉及多层面、多维度的关系体系,其中师幼关系和同伴关系是这一关系体系中的重要的两个维度。其一,师幼关系。教师和幼儿的关系是教育者和受教育者的关系、发展成熟个体与尚处于发展中的个体的关系。教师和幼儿这一本质特征的不平衡性决定了师幼关系的不平衡性。因此,公平、平等的伦理原则在师幼关系中具有不同的表现形式。诺丁斯提出的"关怀理论"应该成为师幼关系的应然伦理逻辑。教师需要接受幼儿、倾听幼儿、关怀幼儿,与此同时,幼儿也需要对教师的关怀予以回应。其二,同伴关系。同伴关系是同龄人间或心理发展水平相当的个体间在交往过程中建立和发展起来的一种人际关系,这种人际关系是平行、平等的,不同于个体与家长或与年长个体间交往的垂直关系。[①]同伴关系的平行性决定了公平和平等是在处理同伴关系中必须遵循的重要原则。幼儿园班级管理中不能因幼儿的家庭背景、发展水平、能力不同等因素而区别对待幼儿。但是,所谓公平并非是对所有幼儿采取同样的教育措施和管理方式,而是应该能够根据幼儿的特点使每一个幼儿的生命都得到尊重和发展。

① 周宗奎,孙晓军,赵冬梅,田媛,范翠英.同伴关系的发展研究[J].心理发展与教育,2015,(01).

第三节 幼儿园班级管理的过程

幼儿园班级管理可以从宏观和微观两个层面予以理解，在宏观层面，幼儿园班级管理是指幼儿园管理者对幼儿园各个班级的管理过程，它的立足点是幼儿园。微观层面是指在班级内部的管理活动，其立足于具体班级。实际上，幼儿园的总体战略目标和发展规划的实现依赖并体现于具体的班级管理过程中，而幼儿园班级管理并非彼此孤立的状态，而是相互协作共同实现既定的幼儿园教育目标。因此，本节分析的是微观层面的幼儿园班级管理过程。幼儿园班级管理的过程包括计划、组织、指挥、控制等四个基本环节。

一、计划

计划是以幼儿园园长为核心的幼儿园管理团队确定幼儿园班级的教育目标以及制定相应的活动计划的过程。主要包括班级情况分析、班级工作目标的制定、班级工作的实施措施以及班级重要工作的安排和部署。①

(一)计划的原则

计划是幼儿园班级计划和活动的出发点和归宿，是幼儿园班级管理计划的轴心，在制定幼儿园班级管理目标之前需要遵循以下原则。第一，顺序性和阶段性原则。幼儿园班级管理首先需要确定预期达到的总体目标，总体目标的制定需要依据国家和地区学前教育发展目标和园所发展目标。总体目标的达成需要相应的子目标提供支撑，而多种子目标的实现不能一蹴而就，

① 唐淑，虞永平主编. 幼儿园班级管理[M]. 南京：南京师范大学出版社，2004.

需要遵循循序渐进的步骤。因此，在幼儿园班级管理计划中需要指明目标实现的顺序以及阶段性的预期目标。第二，长期性和复杂性原则。幼儿园班级管理活动不同于企业管理等其他类型的管理活动，其管理目标并非是某种产品的输出，而是幼儿的发展。因此，在制定目标的过程中需要考虑多种复杂环境。第三，科学性和价值性原则。目标的制定需要符合幼儿发展规律，与此同时，幼儿园班级管理目标的制定尚需考虑社会和个人的价值需要。

（二）分析环境

计划是班级管理的全局性工作，涉及幼儿园内的人、财、物等各种因素，因此需要在对幼儿园系统内的环境进行综合分析与考察的基础上，制定适时适宜的幼儿园班级管理计划。第一，分析幼儿园环境。分析幼儿园环境可以借助的直接载体是幼儿园工作计划。幼儿园工作计划是幼儿园在综合分析教育行政部门的要求、社会需求以及本园实际状态的情况下制定的计划，因此，其能反映幼儿园所处的综合生态环境，在对其进行分析的基础上可以为幼儿园班级管理计划的制定提供参考依据。第二，分析与考察班级幼儿的状况。幼儿园班级管理的终极诉求在于促进班级幼儿的健康发展，因此，分析和了解班级幼儿的身心发展水平、兴趣、需求等是制定幼儿园班级计划的前提。第三，分析教师状况。教师是班级管理计划的制定者、执行者和监督者，教师专业能力、教师管理经验、教师学历、教师工作态度等都将会影响到班级管理的过程和质量。第四，分析班级状况。幼儿园班级管理工作具有连续性和过程性，班级中存在的管理问题、亟须解决的管理难题以及现有的班级人、财、物等状况是制定幼儿园班级管理计划的现实基础。[①]

（三）制定方案

可行的方案是班级管理计划得以付诸实践的中介和载体。一般而言，达成班级计划和班级目标的方案具有多样性。因此，需要收集教师、家长以及幼儿等多方面的意见和建议，认真筛选和评价不同个体提出的方案，从中选择出最符合班级发展期望和需求的最佳方案。在制定幼儿园班级管理方案的过程中，充分吸纳不同群体的意见而避免独断专权是确保优质幼儿园班级管理方案得以产生的关键。

---

① 唐淑，虞永平主编. 幼儿园班级管理[M]. 南京：南京师范大学出版社，2004.

二、组织

组织具有名词和动词两种词性，名词意义上的组织是指组织形态，动词意义上的组织是指组织中角色安排、任务分配以维持其正常运转的过程。这里的组织是指动词意义上的组织。幼儿园班级管理活动的组织需要经过以下步骤。

（一）协同确定组织目标

幼儿园班级管理的目标具有多样性和层级化的特点，这就决定了目标的完成需要幼儿园班级管理的不同环节、班级中的不同个体共同参与完成。因此，需要幼儿园班级管理的参与者协同配合，将班级管理的总体理念和目标贯彻于自身的班级活动之中。如“培养幼儿自主性”这一目标，就需要系统和全面地贯彻于幼儿园的保育活动和教育活动中，需要保育员和教师的相互配合。虽然幼儿园班级管理的空间限定在幼儿园之内，但是其管理理念却需要家庭和社会的参与和配合，如家庭中家长应充分发挥幼儿的自主性和主动性，社会应营造和创设幼儿自主的氛围等。

（二）明确组织分工

分工明确是指幼儿园班级管理人员的权责分明，一方面班级管理人员应明确自身的职责和权利。另一方面，幼儿园班级管理人员应知晓他人的职责和权利，从而避免班级管理人员之间相互推诿、权责不清的现象。幼儿园班级管理的主要人员是教师和保育员，目前多数幼儿园的分工形式是两名教养员、一名保育员，在部分幼儿园还实行教养员和保育员的轮班制度，即固定周期之内教养员和保育员轮流交换工作，轮换周期依照不同幼儿园有所不同，周轮流、月轮流、年轮流均存在。一方面，幼儿园班级管理中需要明确教养员和保育员的职责，幼儿园教养员对本班工作全面负责，具体职责包括制定工作计划、观察分析幼儿、指导并配合保育员的工作、联系和沟通家长、参加各种形式的专业培训、向园长以及幼儿园其他人汇报幼儿园工作等。保育员的职责主要包括房舍、设备、环境的清洁卫生工作、陪伴教养员管理班级幼儿、卫生保健工作、保管幼儿衣物和设备等等。[①]另一方面，针对教师和保育

---

① 唐淑，虞永平主编．幼儿园班级管理［M］．南京：南京师范大学出版社，2004.

员的轮岗制定需要科学安排轮岗时间并且明确轮岗职责。若轮岗周期安排过短,在此种情况下,就会导致教养员和保育员责任推诿现象的发生,一些保育员会延迟繁杂的保育工作,而一些教养员亦可能延迟组织一些较为复杂和困难的教学活动。因此,教养员和保育员的轮岗周期不宜过短,一般为一个月为宜。

(三)合理厘清权力界限

在幼儿园班级管理中,若权力过于集中在单个教师,则会导致个人权威的过度泛滥,幼儿园班级管理活动会成为单一教师权力发挥的过程,往往使幼儿园班级管理活动陷入偏见、封闭的尴尬境地。而过分分权的幼儿园班级管理制度又会陷入责任推诿、效率低下的窘境。因此,在幼儿园班级管理中应该恰当处理权力的过分集中和权力过分分散的问题。现在的幼儿园班级管理中实行主班教师和副班老师相结合体系,主班教师应该运筹帷幄,充分调动副班教师、保育员、家长以及幼儿共同协作管理班级,构建班级管理共同体,让班级中的家长、教师、幼儿都能够获得对班级的归属感和认同感。

三、指挥

指挥和组织具有不同的价值定位,组织涉及幼儿园班级的系统运作,而指挥是幼儿园班级管理者领导幼儿园班级其他成员的过程,是幼儿园班级管理者带领幼儿园全体成员齐心协力地执行班级管理计划、实现班级管理目标的过程。在幼儿园班级管理中担任指挥角色的是幼儿园主班教师。主班教师指挥和领导幼儿园班级其他成员,使其能够共同参与幼儿园班级管理活动,执行幼儿园班级管理计划,实现幼儿园班级管理目标。

(一)创设共同体文化

主班教师指挥幼儿园班级其他成员不能依赖于权力的强制措施,而需要充分调动幼儿园班级其他成员的自主性和主动性,而唯有班级中的其他成员对幼儿园班级产生归属感和认同感的状况下,才会自发地融入和参与幼儿园班级管理活动之中。为此,需要主班教师“以廉洁促信任,以爱心促放心,以氛围促团结，以默契促感动，以学习促成长，以业务促相信[①]”。使参与幼儿园班级管理的其他老师、家长和幼儿能够自发地认同、信任、尊重主班教师，并在幼儿园班级中获得如家般的归属感，从而自觉自愿地参与幼儿园班级管理活动。

（二）保证全员参与

幼儿园班级管理活动繁多，主班教师若事必躬亲，必然会不暇应接于各种事务，而导致心力交瘁。因此，主班教师需要充分调动家长、教师以及幼儿的参与性和积极性。可以通过建立“家长委员会”等方式充分调动家长参与幼儿园班级管理的积极性。此外，副班教师、保育员应该有明确的权责划分。幼儿亦是幼儿园班级管理活动的重要参与者，教师需要培养幼儿的自我管理意识和自我管理能力，通过多方参与实现幼儿园班级管理的良性运转。

四、控制

控制的实质是幼儿园管理者调控幼儿园班级管理活动，避免使其偏离于预期目标和计划。一般而言，控制需要经过以下三个步骤，分别是评价幼儿园班级管理活动的现实情况、比较实际状况与预期标准、改善班级管理活动。

（一）评价幼儿园班级管理活动的现实情况

幼儿园管理者评价幼儿园班级管理活动需要通过多种手段收集信息、分析信息，进而确定幼儿园班级管理活动的现实发展状况以及存在问题。幼儿园管理者收集班级管理信息的方式包括个人观察、口头汇报以及书面汇报等多种形式。个人观察是班级教师通过对幼儿园班级一日生活的观察获得有关幼儿园班级管理的直接性的、日常性的信息。口头信息是幼儿园班级教师通过与其他教师、家长以及幼儿的口头交流，例如各种会议、一对一谈话或者电话交谈等获取的有关幼儿园班级管理的信息反馈。书面报告则是能够反映幼儿园班级管理活动状况的文字材料。在实践中，每一种评定幼儿园班级管理活动的方式均各有利弊。比如个人观察随意性较大，但是能够获得较为

---

① 吴旭勇，范芳.聪明的主班老师会“偷懒”[J].早期教育(教师版).2017(01).

真实性的信息；口头交流主观性较强，但是能够获得有关班级管理不同主体较为深层次的看法；书面报告较为正式，但是往往会遗漏和忽略较为真实性的信息。因此，评定幼儿园班级管理的质量需要综合运用多种搜集信息的方法，获得较为全面性的信息，进而才能够对幼儿园班级管理进行准确的评价。

（二）比较现实情况与预期标准

幼儿园班级管理的现实情况必定难以与预期标准完全吻合，但是，现实情况难以达到预期标准需要限定在一定范围之内，若与预期标准相差甚远或者完全偏离预期标准的轨道，则需要反思并改善幼儿园班级管理活动。

（三）改善班级管理活动

幼儿园班级管理是一个反思性实践的过程，在确定幼儿园班级管理的现实情况以及其与预期的幼儿园班级管理目标的差距之后，则需要调节幼儿园班级管理活动。第一，需要反思幼儿园班级管理的问题成因。制约幼儿园班级管理的关键因素是人，幼儿园教师的观念、权益、责任分配、角色扮演等是否制约和限制幼儿园教师主动性和积极性的发挥。此外，需考虑幼儿园班级管理中的人员关系是否符合“以人为本”的管理理念，权责分配是否恰当等。第二，反思幼儿园班级管理的预期目标。幼儿园班级管理计划和目标的制定是否科学、是否符合幼儿园班级的现实。一些幼儿园班级管理目标因脱离于幼儿园班级管理的现实水平而缺乏可行性，从而难以指导现实的幼儿园班级管理活动。第三，提出具体的改进策略和建议。根据当前幼儿园班级管理问题，制定从理念到方法系统的幼儿园班级管理改善策略，在策略制定的过程中需要征求多方意见共同参与，从而保证改善策略在全员参与的情况下充分调动班级管理全体人员的主动性和积极性。

思考与练习

1. 幼儿园班级和中小学班级的共同点和不同点有哪些。
2. 结合实践谈一谈幼儿园班级管理需要遵循哪些原则。
3. 访谈幼儿园教师，了解幼儿园班级管理过程。

第2章

幼儿园班级安全管理

幼儿园班级管理工作的好坏直接反映出幼儿园办学水平的高低，直接影响幼儿身心和谐健康发展，而班级安全管理是幼儿园班级管理工作真正得以落实、开展的保障和前提。因此，充分认识安全工作在幼儿园的重要性，正确履行自己的安全管理职责，严格按照要求及规范养成严谨、认真、仔细的态度和习惯是非常重要的。

【学习目标】

1. 理解幼儿园班级安全管理的内涵。
2. 理解幼儿园班级安全管理的重要性。

【学习重难点】

充分认识幼儿在园安全的重要性，能正确履行自己的安全管理职责，具备对突发事件进行应急处理的方法和能力。

【知识结构图】

- **幼儿园班级安全管理**
  - 幼儿园班级安全管理的内涵
    - 强化保教人员的安全意识和责任心
    - 做好家长工作，形成家园教育合力
  - 幼儿园班级一日生活安全管理及意外伤害事故管理
    - 幼儿园班级一日生活安全管理
    - 幼儿园意外伤害事故管理
  - 幼儿入园离园安全管理
    - 幼儿入园离园时的安全隐患
    - 幼儿入园离园时的安全措施
    - 幼儿入园离园时的家园约定

第一节
幼儿园班级安全管理的内涵

一、强化保教人员的安全意识和责任心

安全是幼儿园班级管理工作顺利开展的首要目标，是一切活动得以进行的前提条件，离开了安全，一切教育活动、游戏活动都将是空谈。《幼儿园教育指导纲要（试行）》明确提出："幼儿园必须把保护幼儿的生命和促进幼儿的健康放在工作的首位。"幼儿安全健康地发展、快乐成长也是一个家庭的幸福源泉和殷切盼望，更是社会稳定向前发展的基石。由于幼儿园中幼儿的年龄都偏小，生活阅历及经验都较弱，不具备充足的安全防范意识，极易发生意外。因此，保教人员必须在日常工作中保持高度的警惕性，严格按照园中安全规范的要求进行操作，以尽力确保幼儿在园安全及尽可能地阻止人为意外伤害事故的发生。

幼儿在园安全事故多发，既有幼儿自身安全意识不强引发的事故，也有一些预料之外的突发伤害事故，但更多的事故是由于保教人员缺乏责任心造成的，例如各地频发的幼儿园校车安全事故，多是由于园方为节约成本，忽视安全的重要性，超载搭载幼儿或将个别幼儿长时间滞留于校车之上，最终造成不可挽回的事故。归根结底，要杜绝及减少幼儿园安全事故，在于保教人员对安全意识、安全教育和安全管理的重视。一方面，要保持高度的警惕性，牢固树立安全无小事的意识，克服放松麻痹的心态，帮助幼儿建立自我安全防护意识。另一方面，要建立一套行之有效的幼儿园班级安全管理规程，在园在班的每一位保教人员都应该严格遵守规程的每一项要求，并严格地实施下

去，真正从源头上杜绝安全事故的发生。

二、做好家长工作，形成家园教育合力

（一）家园合作的意义

幼儿的安全保障工作离不开家长的大力支持与配合，家庭是幼儿成长的摇篮，父母是幼儿的第一任老师，父母对于幼儿的影响是巨大的。《幼儿园工作规程》中也提道：“幼儿园应当主动与幼儿家庭沟通合作，为家长提供科学育儿宣传指导，帮助家长创设良好的家庭教育环境，共同担负教育幼儿的任务。”由此可见，家园合作共同养育幼儿，保障幼儿安全健康成长也是贯彻实施幼教法规的需要，同时，我们的幼儿园也应该切实转变观念，积极调动家长的积极性参与其中。

家园合作也是家长与教师之间沟通交流的一种方式，是双向互利的活动，是家庭教育与幼儿园教育的相互配合。以幼儿园为核心的家园安全教育活动，让家长通过观察教师的教育行为和幼儿的行为表现，反思和启发自己的家庭安全教育的内容及方法，促进幼儿身心健康、和谐的发展。

（二）家园合作的方式

1. 亲子互动

亲子互动是幼儿园常见的家园合作方式，也是家园有效沟通交流的途径。在安全教育活动中适度组织亲子活动，可以让家长清晰地了解幼儿园安全教育的内容、重点、方式，明确家庭与幼儿园教育配合的要求，还可以选择合适的内容和方法在家庭中进行延伸教育。例如，幼儿园消防演习活动中，可以邀请家长参与其中，让幼儿与家长在既严肃又活泼的活动氛围中习得更多的安全知识。亲子活动结束后，家园双方都应该进行反思，强化活动带来的安全教育知识。家长通过活动，在今后的生活中要不断地规范自己的行为，提高安全防范意识，时时刻刻为幼儿做好表率。教师也应该从家长处着眼，思考日常的教育方式是否恰当，积极地探索新的家园共育方式，以使幼儿得到更好的教育。

2. 建立家园联系栏

教师可以通过幼儿园班级环境创设中的主题墙建立家园联系栏，张贴相关的安全教育宣传内容或者选择发送宣传单，把搜集到的有关安全教育的案例及学习材料分发给家长，增加家长对幼儿安全教育的重视程度，帮助幼儿提高自我安全防护意识及能力。同时，幼儿园还可以在传统的家园联系栏的基础之上，建立“班级微信群”“家长短信平台”等新兴的家园联系阵地，定期在群上进行安全知识讲座、及时发布相关安全教育信息，积极促使家长与幼儿园结成合作伙伴，共同培养幼儿的安全意识。

第二节 幼儿园班级一日生活安全管理及意外伤害事故管理

一、幼儿园班级一日生活安全管理

（一）一日生活安全管理的内容

幼儿从入园开始，一天的生活都要在幼儿园中度过，就幼儿在园的生活而言，大致可分为晨检、盥洗活动、进餐、午睡等环节。从安全角度对一日生活活动进行划分主要有以下几个方面：饮食和卫生安全，睡眠安全，心理安全。

饮食和卫生安全主要是指幼儿由于年龄较小，其生活自理能力、自我控制能力以及自我安全防范意识都较为薄弱，再加上抵抗力也不如成年人，因此，在进食环节尤其要注意卫生安全，幼儿园要确保食物的新鲜、卫生，教师要确保幼儿在进餐前有序洗手，进餐过程中教师还应该注意食物不要烫伤幼儿。同时，在日常的生活中还应该培养幼儿个人卫生习惯的养成，如注意饭前便后洗手，不乱用其他小朋友的水杯和毛巾，勤换衣服勤修指甲，等。

睡眠安全指的是幼儿在园午睡这一阶段的安全保障，午睡是幼儿养成良好生活习惯的一个重要行为。在午睡过程中，确保幼儿按时有序的午睡是保障安全的前提。教师在组织幼儿午睡过程中应提醒幼儿睡前如厕解便，防止尿床。午睡过程中有幼儿离床解便的，教师应随其一起，防止摔伤。值守幼儿午睡过程中，教师不得擅离职守，应随时巡视以观察幼儿有无异常情况。结束午睡起床也是容易出现意外伤害事故且容易被忽视的阶段，此阶段教师一定要分工合作，可让一名教师有序组织整理完内务的幼儿先行进入教室，其他教师组织剩余幼儿在寝室继续整理内务。

心理安全主要受物质环境及精神环境的影响，给幼儿创设有爱的、温馨的、稳定的物质环境及精神环境是每个教师的责任。幼年时期的孩子，身心都处于弱势地位，有着极度不安全感，因此，不良的物质环境及成人不恰当的对待方式都会给幼儿的心灵造成不好的影响，对幼儿心理健康发展造成阻碍。在幼儿园中，教师严厉的体罚或者变相的体罚以及不公平对待都是不可取的，也是应该坚决杜绝的现象。教师要学会关心爱护幼儿，正确引导他们，让幼儿始终处于被接纳、被关怀、被尊重的状态中，争取让每一个幼儿都有健康安全的心理。

（二）一日生活安全管理制度的建立

严格的一日生活安全管理制度是确保幼儿园各项活动安全有序进行的保障，对于每一项活动都应该建立相应的操作规程，明确责任人，确保幼儿在园受到无微不至的关心与照顾，保障幼儿在园健康快乐成长。同时，幼儿在园安全能否真正得到落实，除了要建立完善的制度、责任明晰的章程以外，还应该在制度实施环节做到真正的贯彻和执行。幼儿园应该在安全管理制度建立的同时制定一套行之有效的奖惩制度，针对没有严格按照管理制度执行的保教人员予以相应的处罚。幼儿安全无小事，只有教师真正将幼儿的安全放在心上，把制度落到实处，才有可能最大限度避免安全事故的发生。

针对不同的生活环节，教师可以设置不同的班级安全管理制度（见表2-2-1、表2-2-2）。

表2-2-1　饮食安全管理制度

1.厨房人员送食物来时，教师要注意组织好幼儿，不让幼儿靠近太热的食物，食物桶放在餐车底层
2.注意食物的热度（特别是流质食物），不能把太热的食物分给幼儿
3.分食物时教师必须戴口罩
4.提醒幼儿吃的时候留意骨头
5.剩余食物不留在教室，以免保管不当引起安全事故
6.不发放不新鲜、过期或变质的食物给幼儿
7.除幼儿园和幼儿自带的食品外不随意拿食物给幼儿吃

表 2-2-2 消防安全管理制度

1.教师会使用灭火器,懂得消防应急、安全出口等标志
2.外出活动或离园时能及时关好水电
3.发生火灾时能清楚自己的职责,安全组织幼儿远离危险,清楚逃生自救的方法,及时疏散通道
4.不在园区留放易燃易爆物品
5.电线、电插座远离幼儿,不留安全隐患

二、幼儿园意外伤害事故管理

(一)幼儿园意外伤害事故及其常见类型

幼儿园意外伤害事故是指在幼儿园日常教学、生活活动的过程中,在没有预知的情况下,由于各种突发因素造成的对幼儿身体伤害的事件。幼儿的年龄特点决定这个时期其好奇心特别重,喜欢对周围新奇的事物进行探索,也乐于参与到游戏当中去,但是其自身的安全防护意识、自我保护能力还相对较弱,不能正确预见将要发生的危险事件,也不能理解自身不当行为将会带来的危害,更无法及时应对各种突发意外事件,因而很容易造成在园的意外伤害事故。在幼儿园中常见的意外伤害事故主要有以下几种:创伤和出血、异物入体、烧烫伤、骨折脱臼。

创伤和出血主要是由于擦伤、刺伤、割伤、划伤、挫伤以及鼻出血等造成。刺伤、割伤等伤害通常是幼儿在使用剪刀、小棍等工具时使用不当造成的。擦伤、挫伤等伤害则是幼儿在运动过程中不慎跌倒或者幼儿间追逐打闹时造成的。鼻出血则是幼儿使劲揉搓鼻子等不良习惯及疾病因素引发的。

幼儿出于好奇,常在无意间将小物件塞入五官,异物的堵塞容易引起鼻子出血,塞入眼睛的异物容易使角膜损伤甚至失明,塞入外耳道的异物则会耳鸣、耳痛甚至失聪。最紧急的情况莫过于幼儿将小物件吸入气管,幼儿会出现呛咳、吸气性呼吸困难的紧急情况,需要立即进行处理。

烧烫伤则多是在进餐环节或者饮水环节由于保教人员疏忽大意,幼儿自身安全意识也不高引起的意外伤害,由于幼儿皮肤薄嫩,抵抗力、免疫力均较差,因此烧烫伤事故必须进行及时处理。

幼儿的骨骼中含有较多的有机物，骨膜较之成人很厚，因此具有很好的弹性和韧性，遭受暴力时就会出现与植物青枝一样折而不断的情况，称为“青枝骨折”。幼儿的脱臼常发生在关节活动度大、关节囊比较松弛的部位，常见的脱臼有肘关节及肩关节脱臼。因此，保教人员在与幼儿进行肢体接触时要注意幼儿的身体特点，不要随意拉扯幼儿的手臂。

（二）幼儿园意外伤害事故的预防与处理

应对幼儿园意外伤害事故的发生，重在做好事前的预防工作以及事后的应急处理工作。但更重要的还是事前的预防工作，前期预防工作做得扎实到位能够有效降低意外伤害事故的发生。要做好预防，首先，宣传工作要重视，要让全园教职工认识安全的重要性，引起思想上的高度警视。同时也要对家长及幼儿进行安全教育工作，整体提高各个方面的安全意识。其次，应该建立健全幼儿园相关的安全管理制度，并在日常教育、生活活动中严格按照制度规定认真落实。最后，幼儿园还应在事前制定好各类意外伤害事故的应急预案，如防火预案、防毒预案、突发事件应急预案等，并在园内定期开展各类意外事故的安全防范演习活动，通过不断地演习，一方面可以检测预案的合理性，不断完善预案的内容，另一方面通过多次演习可以使全园教职工及幼儿在突发事件真正发生时可以冷静应对，降低损害。

事后的突发应急处理工作同样重要，虽然突发的事件各不相同，应对方法也不尽相同，但有一点是共通的，那就是精准、果断、及时。一旦有危及班级幼儿安全的事件发生，就要严格按照预案的要求来进行处理，根据事件当下的情况做出精准的判断，果断及时地对幼儿进行救治，同时确保其他幼儿的安全，争取把损失降到最低。之后，教师还应与家长沟通，教师应客观坦诚地告知事件原委。面对无理取闹的家长，教师要学会保留证据，依法、有理进行处理。

第三节
幼儿入园离园安全管理

一、幼儿入园离园时的安全隐患

入园是幼儿在园一日生活的开始，也是家长与幼儿园对幼儿进行交接的重要环节。由于幼儿的年龄尚小，其自控能力及自理能力都还处在较为薄弱的阶段，因此，一部分习惯于家庭散养生活的幼儿对于早上来园是极不情愿的，此时教师若不认真地与家长进行交接，做好来园登记工作，就很有可能出现幼儿离开幼儿园却没能及时发现等一系列的安全隐患。另一部分幼儿却恰好与此相反，他们非常喜欢或迷恋幼儿园的一切生活，每当入园时就表现得极为兴奋，若此时教师没有及时注意到这部分幼儿，他们便有可能摆脱监管，自由穿梭在园内，造成安全隐患。

离园也是一日生活活动中非常重要的一个环节，幼儿在园一日后，内心非常渴望早早被家人接走，而家长也迫切盼望着早点见到幼儿，因此，离园时极易出现一群家长蜂拥而上的混乱场面。这时，教师既要接待来园的家长，与家长就幼儿的情况进行交流，又要兼顾班内还未离开的幼儿的安全，一旦稍有疏忽，幼儿便容易发生危险，特别有一些迫切盼望离园的幼儿看到自己的家长还没来，便会产生家长是否不来的想法，因此有可能偷溜出园，一旦成功离开便会造成重大的安全隐患。一些不法之徒也会趁离园比较混乱的时段冒名顶替家长的亲友骗取教师信任，接走幼儿。如若教师不仔细核对，便会造成无法挽回的局面。

显然，幼儿的入园离园环节成了幼儿园与家长就幼儿的监护和管理责任交接转移的关键节点，只有双方都高度重视，制定相应的交接制度，并认真准确的执行，才能确保幼儿在交接过程中不出现纰漏或差错。

二、幼儿入园离园时的安全措施

针对幼儿入园离园时的安全隐患，应当有针对性地采取相应的安全措施。班级内的教师应当分工合作，一位负责组织幼儿，一位负责接待家长。但无论哪一位教师，都应该时刻留意每一位幼儿的状况，预估其可能出现的危险行为，及时予以引导，解除安全隐患。如果班级内无法同时安排两位教师，那么在班的教师应该在放学前半小时将幼儿组织起来，进行一些安静的桌面游戏，例如绘画、建构、阅读等活动，使幼儿的情绪趋于稳定，也便于自己进行家长接待工作。

在幼儿等待家长时，教师要注意观察幼儿的情绪，当发现有幼儿情绪低落、焦虑、反常时，应及时问明情况，耐心安抚和开导幼儿，同时可安排班上性格较为活泼的幼儿与其一同玩耍，以及时帮助幼儿排除不良情绪。如果幼儿的不良情绪较为强烈，此时可将这名幼儿牵在身前，一边接待家长，一边安抚幼儿，便于进一步开导。另外，等待家长时间过长时，部分幼儿情绪会有起伏，会显得烦躁不安，喜欢在教室内追逐打闹，对此教师应立刻进行制止，以防止发生意外事故。

当有其他人代为接送幼儿时，尤其在离园时，教师一定要主动向代接送的人问明情况，除了要求代接人出示接送卡以外，还应要求其提供幼儿家长的委托代接证明。如没有代接证明，应及时向家长打电话进行沟通询问，确认来人是否是其委托人，同时也应告知幼儿家长，下次如有类似情况，应主动提前告知抑或者委托他人转交有自己签名的代接委托书。如有未成年人进行代接，教师应当立刻拒绝，并请幼儿家长自行接走。

三、幼儿入园离园时的家园约定

有效降低幼儿入园离园安全隐患的最佳途径是切实明确家园双方的责任和权益，使之得到有效地保护，幼儿园和班级应当与家长签订责任明晰的幼儿入园离园交接协议，双方均应严格按照协议要求去执行，以最大限度降低可能给幼儿带来的危害。交接协议的格式及内容情况举例如下：

1. 我园实行接送卡制度，请家长每天按时接送幼儿，未到本园上课时间或未经本园教师同意，不能过早地将幼儿私自送入园内。请家长早晨来园送幼儿后，到教师手中领取专用接送卡，下午凭卡接幼儿。请家长妥善保管接送卡，如果未带接送卡，不得入园。若因家长不执行本制度造成的后果由家长负责。

2. 幼儿入园后请家长主动向班级教师说明幼儿是否有过敏史、抽风史、惊厥史、传染病史及其他特殊病史，因家长隐瞒幼儿病史，导致幼儿在园内发生事故，一切责任由家长自负。

3. 为安全起见，请家长不要让幼儿携带危险物品入园。幼儿来园前请家长检查幼儿的口袋，如发现有危险物品（如小刀、药片、铁钉）等，应立即取出，并及时对幼儿进行教育。

4. 来园时，教师检查完接送卡后，家长方可送幼儿入园（未带接送卡的家长不准入园）。如有需要喂药的幼儿，请将药交与班上老师登记，注明用法、用量，并请签上家长姓名（因根据有关部门文件的要求，本园教师谢绝代喂幼儿抗生素及补品类药物）。

5. 幼儿在园期间的安全由班级教师负责。幼儿在交给我园后，幼儿的园内安全由幼儿园负责。若无特殊情况，家长不要让幼儿无故缺席、迟到。幼儿若因各种原因不能来园，请事先向教师递交假条或打电话告知带班教师。

6. 接送幼儿原则上由父母（或其他监护人）亲自接送，如遇特殊情况，家长不能前来接幼儿，必须事先与班级教师联系，委托人须持有幼儿父母身份证或书面依据，凭接送卡接幼儿。如果幼儿不认识委托人，不得让其接走幼儿。为了安全，被委托来接送幼儿的人，应具备完全行为能力（年满十八岁以上的正常人）。

7. 家长如不慎丢失接送卡，应立即告知我园，我园将重新补办新的接送卡，原卡作废。

8. 幼儿由接送人从教师手中接走后，一切安全问题由接送人负责。

幼儿园与家长双方在对接送协议无异议的情况下可签订协议，协议自签订之日起生效。幼儿入园离园是幼儿园班级安全管理内容中非常重要的两个环节，需要家园双方认真严肃的对待，切实按照相关协议执行交接制度，确保杜绝幼儿有任何安全问题发生。

思考与练习

1. 想一想，幼儿园常见的意外伤害事故有哪些，应当怎样去预防。

2. 结合实践谈一谈幼儿园班级安全管理可以采用哪些方式加强家园合作。

3. 走访幼儿园教师，了解幼儿园班级一日生活活动安全管理的内容。

第 3 章

幼儿园班级一日活动管理

当幼儿的游戏方式与原来的游戏方式不一致时，游戏中出现的人数不均衡、重量不均衡时，作为教师的你，是否要介入他们的游戏？除了游戏活动，在幼儿园一日活动的各个环节教师应该扮演怎样的角色，一日活动的各个环节如何组织和实施？带着这些问题我们进入到这一章的学习。

【学习目标】

1. 了解班级一日活动的内容与组织原则。

2. 掌握班级一日活动的具体要求，能够熟练实施一日活动的各具体环节。

3. 乐于参与班级一日活动的管理，愿意积极优化一日活动的管理。

【学习重难点】

幼儿园一日活动的相关文件的要求；幼儿园一日活动各环节的具体实施；能够熟练组织实施一日活动的各环节。

【知识结构图】

- 幼儿园班级一日活动管理
  - 一日活动的内容及组织原则
    - 一日活动的内容
    - 一日活动的组织原则
  - 一日活动环节的组织要求
    - 我国幼儿教育法规中关于一日活动的指导与要求
    - 生活活动的意义及组织要求
    - 运动活动的意义及组织要求
    - 游戏活动的意义及组织要求
    - 学习活动的意义及组织要求
    - 自由活动的意义及组织要求
  - 一日活动环节的具体实施
    - 生活活动环节的具体实施
    - 运动活动环节的具体实施
    - 游戏活动环节的具体实施
    - 学习活动环节的具体实施
    - 自由活动环节的具体实施
  - 一日常规的建立
    - 一日常规的基本内容
    - 一日常规的要求与实施
    - 一日常规建立的途径
    - 一日常规落实的关键

第一节 一日活动的内容及组织原则

幼儿园的一日活动是具体的乃至于琐碎的，也是丰富而充满生机的，它由各种活动组成。幼儿园教育寓于一日活动当中，教师科学有效地组织幼儿园一日活动，是满足幼儿发展需要的有力保障。

一、一日活动的内容

幼儿园一日活动是指幼儿从来园到离园的一天时间里，在幼儿园各个空间里的全部经历。

幼儿在园的一日活动由各种不同的活动组成，按照幼儿自主选择的程度进行划分可以分为班级集体活动、小组活动、自选活动、户外自由活动。按照发挥作用的维度可以分为生活活动、运动活动、游戏活动、学习活动和自由活动。

幼儿园一日活动各个环节相互衔接，构成幼儿园一日活动流程，包括来园、晨间活动、集体教育活动、课间操、吃点心、如厕、盥洗等(具体流程见表3-1-1)。幼儿园的一日活动环节是相似的，但因不同地域、季节、文化传统的影响，每个幼儿园的具体作息时间也可能存在细微的差异。

表3-1-1　某幼儿园大班一日活动作息时间表

7:40—8:10	来园接待
8:10—8:50	晨间活动
8:50—9:00	如厕、饮水

续表

9:00—9:15	早操
9:15—10:30	集体教育活动
10:30—10:45	如厕、吃点心
10:50—11:20	户外活动
11:20—11:30	餐前准备
11:30—12:00	午餐
12:00—12:20	餐后活动
12:20—14:30	午睡
14:30—14:50	起床
14:50—15:10	吃点心
15:10—15:40	户外活动
15:40—15:50	如厕、盥洗
15:50—16:10	教育活动
16:10—16:30	离园

综合以上，幼儿园一日活动具体分为五个组成部分，包括生活活动、运动活动、游戏活动、学习活动、自由活动。

（一）生活活动

生活活动是幼儿园一日生活的重要组成部分，占幼儿在园时间中的大部分时间，旨在满足幼儿生存发展的基本需要，主要包括来园、进餐、如厕、盥洗、饮水、午睡、离园等。①

1. 来园

地域、季节等不同决定了各地幼儿来园的时间和方式有所不同。幼儿来园大致在早上7点到早上9点这一时间段。幼儿来园的方式一般是家长陪同，或是乘校车，在一些农村和贫困地区也有个别幼儿自己来园。

2. 进餐

《幼儿园工作规程》中对幼儿园正餐做出了明确的规定，幼儿园应当制定

① 赵继忠，鲁印服，邢莉莉. 幼儿园一日活动指导[M]. 北京：北京师范大学出版社，2017.

合理的幼儿一日活动作息制度。正餐间隔时间为3.5–4小时。全日制的幼儿园一般有三餐两点。但是具体到不同的幼儿园也可能是一餐两点、两餐两点,甚至有的农村幼儿园只提供一餐或者两餐,没有点心。

3. 饮水、如厕、盥洗

饮水、如厕、盥洗是一个可以相互交叉进行的过程,这一环节一般安排在较大活动的间隙,根据幼儿年龄阶段的不同具体安排,年龄越小的幼儿间隔的时间越短。

4. 午睡

午睡起始时间一般为午餐结束之后的20–30分钟,刚吃完午餐的幼儿不宜立即入睡。同时依据幼儿年龄的不同以及各地季节的不同要合理安排午睡时间,小班一般为1.5–2小时,中、大班一般为1–1.5小时,夏季的午睡时间可适当比冬季长。

5. 离园

幼儿园一日生活的最后一个环节便是离园,幼儿结束一天的学习生活离开幼儿园回到家中,全日制的幼儿园离园的时间大概在16:30—17:30,依据每个幼儿园的具体情况也可稍作调整。

(二)运动活动

主要是指在幼儿园一日活动中采用早操、器械运动、户外体育活动等形式,培养幼儿对运动的兴趣,增强幼儿的运动能力,提高幼儿身体素质的日常运动活动。幼儿园运动活动主要是早操和户外体育活动等。

1. 早操

幼儿早操一般安排在上午,大约10–15分钟,以徒手操为主,轻器械操为辅,跟随节奏鲜明的音乐,让幼儿的身体得以舒展。

2. 户外体育活动

幼儿每天的户外体育活动时间应不少于1小时。各幼儿园应该根据季节、气温的变化,选择合适的时间段开展户外体育活动,当然也可以根据天气的具体情况以及幼儿本身的个体差异进行时间长短的调整。

（三）游戏活动

游戏是幼儿园教育的基本方式，贯穿幼儿一日生活的始终。在这里专门把游戏同幼儿的学习活动区分开来，因此这里的游戏活动包括幼儿园的区域游戏活动、自由游戏活动等。幼儿园的区域游戏活动也称区角活动，区角活动每天至少安排1次，每次1个小时左右，上午下午均可。每个幼儿班级一般设置4-7个活动区域，例如美工区、益智区、表演区、建构区、阅读区、音乐区等等。每个区域都有相应的材料可供幼儿选择、操作，材料可以是购买添置的，也可以是教师、幼儿自制的。自由游戏活动是以幼儿的主动性、独立性和创造性为特征的活动。

（四）学习活动

学习活动是幼儿在幼儿园中增长知识、丰富经验的专门活动集体教育活动、小组教育活动和个别教育活动。幼儿的集体教育活动依据年龄阶段的不同，时间也有所不同，小班一般在15-20分钟，中班一般在20-25分钟，大班在25-30分钟。大部分幼儿园集体教育活动安排为每天2次，有的农村幼儿园安排的集体教育活动较多。小组教育活动是以小组合作为常规组织形式的教学形式。个别教育活动是让每个幼儿都在乩原有的水平上得到发展的活动。

（五）自由活动

《幼儿园工作规程》规定：幼儿自由活动时间每天不得少于0.5小时。自由活动可以分为室内自由活动和户外自由活动。室内自由活动包括活动与活动之间的过渡，也包括幼儿自发的游戏活动等。户外自由活动可以是游戏、散步等，还可以根据本园的特色安排相应的户外活动。

二、一日活动的组织原则

幼儿园一日生活的安排与组织应该结合教育和卫生保健原则，根据幼儿身心发展的特点与水平和各地区各个幼儿园的具体情况实行。可以从以下几个原则来考虑：

(一)整体性原则

整体性原则即要求幼儿教师在组织一日活动的过程中要树立整体观和系统观,不能把幼儿园的一日活动看成一个个要素、环节的简单相加,而要把一日活动的各要素、各环节都看成幼儿园教育系统中的重要组成部分,它们之间相互联系、相互渗透、相互影响、不可分割。把一日活动组织成为一个具有合理结构和内在逻辑联系的整体,使之发挥"整体大于部分之和"的效应,这是一日活动整体性组织原则的关键所在。①

(二)游戏化原则

游戏是幼儿的天性,是幼儿的基本活动方式。在幼儿的一日生活中,要充分让幼儿体验到游戏活动的快乐,在游戏中促进幼儿心理和个性品质更好更快地发展,提高幼儿的观察能力、想象能力、创造能力和社会交往能力。

(三)动静交替原则

幼儿的年龄特点决定了他们的注意力集中时间较短,这就要求教师要根据幼儿的不同需求安排适宜的活动,让活动形式适宜,时间长短适宜,活动内容适宜,要有动有静,让幼儿松弛有度,使幼儿大脑的不同区域轮流运转,身体的大小肌肉都得到锻炼。

(四)预成与生成相结合原则

幼儿园的生活中处处都可能蕴含着有价值的教育内容,教师可以随机将这些内容纳入计划,生成课程,这既可以看作教育生活化,也可以看作生活教育化。②一日活动组织过程中有很多不确定性,很难准确预测,需要教师在与幼儿的交往中根据情况做出适当的反应。因此,对于制定的教学计划,都应"留有余地",一个缺乏弹性的计划不仅束缚了教师,还束缚了幼儿。

(五)分散与集中相结合原则

灵活多变的活动组织形式能满足幼儿多方面发展的需求,能给予幼儿不同的支持。集体活动能让幼儿相互分享彼此的智慧,体验交往的乐趣;小组活动能使幼儿之间的交往更加充分,幼儿有更多的表现机会;而个体活动则

---

① 赵继忠,鲁印服,邢莉莉.幼儿园一日活动指导[M].北京:北京师范大学出版社,2017.

② 张金陵.幼儿园班级管理[M].上海:华东师范大学出版社,2015.

能提供更多的探究空间，有利于教师进行有的放矢的教育。

（六）发挥幼儿与教师双主体作用原则

一日活动组织是幼儿教师主动引导的、幼儿积极参与的教育教学过程。在一日活动中，幼儿是活动的主体，教师是起主导作用的主体，在教育的过程中，不仅教师影响着幼儿，幼儿也同样以各种方式影响着教师。在这里，教师和幼儿是同等重要，互为主体的，这种影响不是单向的、线性的，而是双向交互的，不是一次性的、间断的，而是一个链状循环的连续过程。

第二节
一日活动环节的组织要求

一、我国幼儿教育法规中关于一日活动的指导与要求

（一）《幼儿园教育指导纲要（试行）》中的相关表述

1. 有关幼儿园一日活动环境的论述

“环境是重要的教育资源，应通过环境的创设和利用，有效地促进幼儿的发展。”

“幼儿园应与家庭、社区密切合作……共同为幼儿的发展创造良好的条件。”

“幼儿园应为幼儿提供健康、丰富的生活和活动环境，满足他们多方面发展的需要，使他们在快乐的童年生活中获得有益于身心发展的经验。”

“幼儿园教育应尊重幼儿的人格和权利，尊重幼儿身心发展的规律和学习特点，以游戏为基本活动，保教并重，关注个别差异，促进每个幼儿富有个性的发展。”

2. 有关幼儿学习活动的论述

“幼儿园的教育内容是全面的、启蒙性的，可以相对划分为健康、语言、社会、科学、艺术等五个领域，也可作其他不同的划分。各领域的内容相互渗透，从不同的角度促进幼儿情感、态度、能力、知识、技能等方面的发展。”

3. 关于幼儿园一日活动各环节的论述

（1）午睡、盥洗、如厕

“……培养幼儿良好的饮食、睡眠、盥洗、排泄等生活习惯和生活自理能力。”

（2）户外活动

“开展丰富多彩的户外游戏和体育活动，培养幼儿参加体育活动的兴趣和习惯，增强体质，提高对环境的适应能力。”

“爱护动植物，关心周围环境，亲近大自然，珍惜自然资源，有初步的环保意识。”

“在幼儿生活经验的基础上，帮助幼儿了解自然、环境与人类生活的关系。……”

“……引导幼儿感受科学技术对生活的影响，培养他们对科学的兴趣和对科学家的崇敬。”

（3）游戏与教育活动

“引导幼儿参加各种集体活动，体验与教师、同伴等共同生活的乐趣。……”

“提供自由活动的机会，支持幼儿自主地选择、计划活动，鼓励他们通过多方面的努力解决问题，不轻易放弃克服困难的尝试。”

“在共同的生活和活动中，以多种方式引导幼儿认识、体验并理解基本的社会行为规则，学习自律和尊重他人。”

“教育活动的组织与实施过程是教师创造性地开展工作的过程。教师要根据本《纲要》，从本地、本园的条件出发，结合本班幼儿的实际情况，制定切实可行的工作计划并灵活地执行。”

“教育活动内容的组织应充分考虑幼儿的学习特点和认识规律……注重综合性、趣味性、活动性，寓教育于生活、游戏之中。”

“教育活动的组织形式应根据需要合理安排，因时、因地、因内容、因材料灵活地运用。”

4. 有关幼儿园一日活动制度的论述

“科学、合理地安排和组织一日生活。”

“时间安排应有相对的稳定性与灵活性,既有利于形成秩序,又能满足幼儿的合理需要,照顾到个体差异。”

“尽量减少不必要的集体行动和过渡环节,减少和消除消极等待现象。”

“建立良好的常规,避免不必要的管理行为,逐步引导幼儿学习自我管理。”

(二)《3-6岁儿童发展与学习指南》中的相关表述

1. 有关幼儿园一日活动关键点的论述

“关注幼儿学习与发展的整体性。……”

“尊重幼儿发展的个体差异。……”

“理解幼儿的学习方式和特点。……”

“重视幼儿的学习品质。……”

2. 有关幼儿园一日活动各环节的论述

(1)进食

“为幼儿提供营养丰富、健康的饮食。如:

参照《中国孕期、哺乳期妇女和0-6岁儿童膳食指南》,为幼儿提供谷物、蔬菜、水果、肉、奶、蛋、豆制品等多样化的食物,均衡搭配。烹调方式要科学,尽量少煎炸、烧烤、腌制。”

“引导幼儿生活自理或参与家务劳动,发展其手的动作。如:练习自己用筷子吃饭、扣扣子,帮助家人择菜叶、做面食等。”

“帮助幼儿养成良好的饮食习惯。如:

合理安排餐点,帮助幼儿养成定点、定时、定量进餐的习惯。

帮助幼儿了解食物的营养价值,引导他们不偏食不挑食、少吃或不吃不利于健康的食品;多喝白开水,少喝饮料。

吃饭时不过分催促,提醒幼儿细嚼慢咽,不要边吃边玩。”

(2)睡眠

“保证幼儿每天睡11-12小时,其中午睡一般应达到2小时左右。午睡时间可根据幼儿的年龄、季节的变化和个体差异适当减少。”

“让幼儿保持有规律的生活,养成良好的作息习惯。如:早睡早起、每天午睡、按时进餐、吃好早餐等。”

（3）户外活动

“保证幼儿的户外活动时间，提高幼儿适应季节变化的能力。”

“幼儿每天的户外活动时间一般不少于2小时，其中体育活动时间不少于1小时，季节交替时要坚持。

气温过热或过冷的季节或地区应因地制宜，选择温度适当的时间段开展户外活动，也可根据气温的变化和幼儿的个体差异，适当减少活动的时间。”

“经常带幼儿接触大自然，激发其好奇心与探究欲望。”

“真诚地接纳、多方面支持和鼓励幼儿的探索行为。”

“和幼儿一起感受、发现和欣赏自然环境和人文景观中美的事物。如：

让幼儿多接触大自然，感受和欣赏美丽的景色和好听的声音。

经常带幼儿参观园林、名胜古迹等人文景观，讲讲有关的历史故事、传说，与幼儿一起讨论和交流对美的感受。”

（4）盥洗

“帮助幼儿养成良好的个人卫生习惯。如：早晚刷牙、饭后漱口、勤为幼儿洗澡、换衣服、剪指甲。提醒幼儿保护五官，如不乱挖耳朵、鼻孔，看电视时保持3米左右的距离等。”

“指导幼儿学习和掌握生活自理的基本方法，如穿脱衣服和鞋袜，洗手洗脸、擦鼻涕、擦屁股的正确方法。”

（5）游戏与教育活动

“激发幼儿参加体育活动的兴趣，养成锻炼的习惯。”

“多给幼儿提供倾听和交谈的机会，引导幼儿学会认真倾听。”

“对幼儿讲话时，注意结合情境使用丰富的语言，以便于幼儿理解。”

“帮助幼儿养成良好的语言行为习惯。如：结合情境提醒幼儿一些必要的交流礼节。如对长辈说话要有礼貌，客人来访时要打招呼，得到帮助时要说谢谢等。提醒幼儿遵守集体生活的语言规则，如轮流发言，不随意打断别人讲话等。提醒幼儿注意公共场所的语言文明，如不大声喧哗。”

“鼓励幼儿参加小朋友的游戏，邀请小朋友到家里玩，感受有朋友一起玩的快乐，幼儿园应多为幼儿提供自由交往和游戏的机会，鼓励他们自主选择。自由结伴开展活动。”

“利用生活机会和角色游戏，帮助幼儿了解与自己关系密切的社会服务机构及其工作，如商场、邮局、医院等，体会这些机构给大家提供的便利和服务，懂得尊重工作人员的劳动，珍惜劳动成果。”

“结合社会生活实际，帮助幼儿了解基本行为规则或其他游戏规则，体会规则的重要性，学习自觉遵守规则。”

（三）《幼儿园工作规程》（2016）中的相关表述

1. 有关幼儿园保育和教育的主要目标论述

幼儿园保育和教育的主要目标是：

“促进幼儿身体正常发育和机能的协调发展，增强体质，促进心理健康，培养良好的生活习惯、卫生习惯、和参加体育活动的兴趣。”

“发展幼儿智力，培养正确运用感官和运用语言交往的基本能力，增进对环境的认识，培养有益的兴趣和求知欲望，培养初步的动手探究能力。”

“萌发幼儿爱祖国、爱家乡、爱集体、爱劳动、爱科学的情感，培养诚实、自信、有爱、勇敢、勤学、好问、爱护公物、克服困难、讲礼貌、守纪律等良好的品德行为和习惯，以及活泼开朗的性格。”

“培养幼儿初步感受美和表现美的情趣和能力。”

2. 有关幼儿一日生活中安全的论述

“幼儿园应当严格执行国家和地方幼儿园安全管理的相关规定，建立健全门卫、房屋、设备、消防、交通、食品、药物、幼儿接送交接、活动组织和幼儿就寝值守等安全防护和检查制度，建立安全责任制和应急预案。”

“幼儿园教职工必须具有安全意识，掌握基本急救常识和防范、避险、逃生、自救的基本方法，在紧急情况下应当优先保护幼儿的人身安全。幼儿园应当把安全教育融入一日生活，并定期组织开展多种形式的安全教育和事故预防演练。幼儿园应当结合幼儿年龄特点和接受能力开展反家庭暴力教育，发现幼儿遭受或者疑似遭受家庭暴力的，应当依法及时向公安机关报案。”

3. 有关幼儿园一日生活作息制度的论述

“幼儿园应当制定合理的幼儿园一日生活作息制度。正餐间隔时间为

3.5–4小时。在正常情况下，幼儿户外活动时间每天不得少于2小时，寄宿制幼儿园不得少于3小时；高寒、高温地区可酌情增减。”

4. 有关饮水、如厕、盥洗等方面的论述

“幼儿园应当配备必要的设备设施，及时为幼儿提供安全卫生的饮用水。幼儿园应当培养幼儿良好的大小便习惯，不得限制幼儿便溺的次数、时间等。”

5. 有关幼儿园一日活动组织的论述

“幼儿一日活动的组织应当动静交替，注重幼儿的直接感知、实际操作和亲身体验，保证幼儿愉快的、有益的自由活动。”

“幼儿园日常生活组织，应当从实际出发，建立必要、合理的常规，坚持一贯性和灵活性相结合，培养幼儿的良好习惯和初步的生活自理能力。”

“幼儿园应当为幼儿提供丰富多样的教育活动。”

二、生活活动的意义及组织要求

（一）来园的意义及组织要求

幼儿园美好的一天从幼儿早上来园开始，来园接待虽然只是幼儿园一日生活中的一个小环节，时间短暂，却承载着丰富的教育内容，教师应该利用幼儿晨间来园时间，对其培养教育，使其养成良好的行为习惯，这将对其一生的发展产生重大影响。

1. 意义

来园是幼儿园一日生活的开始环节，是幼儿园常规活动的重要组成部分，是幼儿离开家人、转换交往对象和生活环境的典型时刻，同时早上也是精力最旺盛的时期。因此来园活动很大程度上影响着幼儿一整天的生活和学习。虽然来园时间一般只有半个小时左右，但蕴含着丰富的教育内容，教师应充分利用这一时段，认真检查幼儿的身心状态及其所携带的物品，合理安排晨间活动，不仅要关注幼儿的健康和安全，还要使休息了一夜的幼儿的肢体得以舒展，通过活动调节幼儿的情绪，激发他们的活力，促使幼儿心情愉

快、精神百倍地去迎接新的一天，为幼儿在园一日活动有个好的开始。

2. 组织要求

（1）小班幼儿来园要求。

①高兴来园，向教师问好。

②衣着整洁，携带手帕，能高兴地接受晨检。

③在教师的指导下，将脱下的外衣和鞋帽放在固定的地方。

④学习搬小椅子，轻拿轻放小椅子。

（2）中班幼儿来园要求

①衣着整洁，愉快来园，主动向老师问好，接受晨检。

②将帽子、外衣整齐叠放在固定地方。

③能够在教师帮助下做值日。

（3）大班幼儿来园要求

①有礼貌地和老师、同伴打招呼。

②会告诉教师自己身体有无不舒服的感觉。

③有礼貌地和家长告别。

④积极投入晨间活动。

（二）进餐的意义及组织要求

幼儿正处于生长发育的关键时期，每天必须从膳食中获得充分的营养物质，才能满足其生长发育和生活活动的需要。用餐是幼儿园一日活动中最基本的环节之一，是幼儿养成良好生活习惯的重要途径。

1. 意义

幼儿园的用餐活动主要是指进餐和点心时间，用餐环节是幼儿园一日生活活动的重要环节，能为幼儿身体发育提供充足的营养，是幼儿生活学习的物质前提。[①]用餐环节重在培养幼儿良好的饮食习惯和进餐能力，对幼儿的健康成长起着重要的作用。教师应该严格按照幼儿园的相关规定和要求，合理组织用餐活动。

① 贾晶晶.幼儿园一日生活各环节时间利用的个案调查[D].沈阳：沈阳师范大学硕士学位论文，2014.

2. 组织要求

（1）小班幼儿用餐要求

①饭前在教师提醒下洗手。

②能正确使用勺子。

③学习文明的进餐礼仪。

④不挑食厌食，能在教师帮助指导下吃完饭菜。

⑤餐后能在教师提醒下擦嘴，并用温水漱口。

（2）中班幼儿用餐要求

①能力所能及地帮助教师做好餐前准备工作。

②饭前洗手，能安静愉快地进餐，坐姿自然。

③餐具轻拿轻放，会使用筷子。

④进餐时细嚼慢咽，不发出声响，不用手抓饭，不用汤泡饭，不挑食，不剩饭菜。

⑤知道咽完最后一口饭菜后方可离开座位。

（3）大班幼儿用餐要求

①能正确使用筷子吃饭，坐姿端正。

②养成“四净”的好习惯，即桌面干净、地面干净、身上干净、碗内干净。

③知道饭后将桌子上的饭粒、残渣收进碗里，倒进垃圾桶。

（三）饮水的意义及组织要求

水是维持生命必不可少的物质，每天饮用适量的水能够促进人体的新陈代谢，消除体内各类炎症，对健康具有极其重要的作用。《3-6岁儿童学习与发展指南》中明确规定要培养幼儿良好的饮水习惯：3-4岁幼儿愿意饮用白开水，不贪喝饮料，4-5岁幼儿常喝白开水，不贪喝饮料，5-6岁幼儿主动饮用白开水，不贪喝饮料。因此，教师每天要为幼儿准备好足量、安全的饮用水。

1. 意义

水是生命之源，每天饮用适量的水，能够促进人体的新陈代谢，维持血容量，调节体温，消除体内各类炎症。每天喝定量的水，可以保护肾脏，排出体内毒素，对健康具有重要的作用。幼儿新陈代谢旺盛，平时又比较好动，运动量相对较大，身体中的水分更容易缺失，长期缺水会比饥饿对人体造成的伤害更大。因此,只有每天提供充足的水分,才能保证幼儿的一日活动所需及生长发育需要,才能促进幼儿健康的成长。

2. 组织要求

(1)小班幼儿饮水要求

①双手端水杯,不洒水。

②喝水量够,不剩水。

③水杯用后放回原处。

(2)中班幼儿饮水要求

①会正确取水,口渴时会主动取水。

②喝水时不说笑。

③喝完后按姓名将水杯摆放整齐。

(3)大班幼儿饮水要求

①能根据自己的需求按时、按量取水。

②活动后、口渴时能够自己随时喝水,按需将水喝完。

(四)如厕的意义及组织要求

如厕是幼儿园一日活动中重要的生活环节,也是培养幼儿良好的生活习惯和生活自理能力的环节。

1. 意义

如厕是幼儿园一日活动中的重要生活环节,也是培养幼儿良好的生活习惯和生活自理能力的环节。由于缺少新环境下如厕的经验,缺少性别区分能力以及喜欢模仿等特点,幼儿在如厕环节会遇到很多实际问题。如厕环节与幼儿的生活自理能力、卫生习惯培养、性别教育等息息相关,蕴含着很多有价值的教育细节,教师要关注这些细节,在帮助与指导中促进幼儿身心健康发展。

2. 组织要求

(1)小班幼儿如厕要求

①知道及时如厕的必要性,有便意时能主动告诉教师。

②蹲姿正确,会提裤子。

③如厕时排队不拥挤。

④弄湿弄脏裤子能及时告知教师。

（2）中班幼儿如厕要求

①如厕时不争抢，不在厕所里打闹。

②便后会整理衣服，并用香皂洗手。

③学会使用厕纸，学习冲厕所。

④饭前、活动前自己提前准备如厕。

（3）大班幼儿如厕要求

①会正确使用厕纸，便后将厕所冲洗干净。

②大小便异常能及时告知老师。

③如有便意，在教学过程中和用餐过程中要学会等待。

（五）盥洗的意义及组织要求

世界卫生组织指出：每年有1800万儿童死亡，而其中90%是5岁以下的幼童，[①]养成良好的盥洗习惯是帮助幼儿远离细菌、预防腹泻和肺炎最为经济高效的方法之一，因此，教师一定要重视盥洗环节。

1. 意义

盥洗是幼儿园一日活动中的重要生活环节，可使幼儿毛发、皮肤保持清洁，提高皮肤的各种功能，减少皮肤被汗液、皮脂、灰尘污染的机会，提高皮肤的抵抗力，维护身体的健康。同时，还可以培养幼儿爱清洁、讲卫生的好习惯，提高幼儿的生活自理能力。幼儿的日常盥洗活动主要包括洗手、洗脸和刷牙等。

2. 组织要求

（1）小班幼儿盥洗要求

①能在教师提醒下排队洗手。

②洗手前由教师帮助将衣袖卷起。

③洗手时懂得不玩水，学会擦香皂，洗好后用自己的毛巾擦手。

④学习正确的洗手方法。

⑤饭后在教师提醒下漱口、擦嘴。

---

① 赵继忠，鲁印服，邢莉莉．幼儿园一日活动指导［M］．北京：北京师范大学出版社，2017.

(2)中班幼儿盥洗要求

①养成饭前便后洗手的好习惯。

②会自己卷衣袖，能在教师提示下正确洗手。

③洗手时自觉排队，不在盥洗室打闹。

④饭后自觉擦嘴、漱口，学习刷牙。

(3)大班幼儿盥洗要求

①能自觉主动地在需要的时候洗手。

②掌握正确的洗手方法。

③学会刷牙、洗脸等日常卫生技能。

④懂得节约用水和如何使用香皂。

(六)午睡的意义及组织要求

午睡对于幼儿的身体发育具有重要意义。在睡眠状态中，人们的呼吸速度会变得缓慢，心跳也缓慢下来，全身肌肉得到放松。这时疲劳的细胞既可以得到休息，又可以从血液中得到新的养分，体力也逐渐得到恢复。正常人生理睡眠的时间和深度会随着年龄、身体状况和季节的不同而不同。一般老年人每天睡5-6个小时，青年人、成年人为8个小时，而幼儿要睡9-10个小时才能满足身体的需要。

1. 意义

午睡是幼儿在园生活的重要环节，幼儿在经过一上午的活动之后，身体开始感到疲劳，这时候通过午[illegible]力，大脑也能得到充分休息，为下午活动的顺利开展提供了体[illegible]的午睡习惯可以使幼儿建立良好的生活的节奏，养成健康的[illegible]师要细致观察、耐心指导，进行科学、合理的生活教育，帮助幼儿养成良好[illegible]午睡习惯。

2. 组织要求

(1)小班幼儿午睡要求

①不带玩具上床，安静就寝，睡姿正确。

②在成人的帮助下，能按顺序脱衣裤、鞋袜，并放在固定的地方。

③能独自安静入睡，能在教师提示下改正不良睡姿。

④能在教师帮助下穿好衣服，穿鞋时能分清左右，由教师帮助系好鞋带。

（2）中班幼儿午睡要求

①能快速、安静、独立入睡。

②养成正确的睡姿。

③学习独立、有序地穿脱衣裤、鞋袜，并放在固定的地方。

④会在成人指导下叠被子，拉齐床单，将枕头放在叠好的被子上面。

（3）大班幼儿午睡要求

①能在睡前将脱掉的衣裤、鞋子叠放整齐。

②睡姿正确，按时入睡，按时起床。

③学会自己整理床铺。

④学会系鞋带，会自己穿衣物，并整理好。

⑤睡觉时没有蒙头、吮手、咬被角等不良习惯。

（七）离园的意义及组织要求

离园是幼儿园一日活动的重要组成部分，既是幼儿精神状态最为放松的时刻，也是幼儿在园一日活动最轻松、最愉快的一个环节。

1. 意义

离园是幼儿园一日活动的最后一个环节，是幼儿园一日活动的重要组成部分，是教育过程中不可忽视的重要环节，这关乎幼儿在园一日活动整体状况的展示，也是家长了解幼儿园的一个窗口。离园活动开展得好，可以使幼儿园一日活动有一个圆满的结束。如何让这一环节更加有序合理，是每一位一线教师需要把握的问题。在这一环节中，应该围绕“尊重幼儿、把握安全、合理有序”的原则，组织幼儿开展有序的活动，在两位教师同时在班、积极配合的前提条件，可以开展甜蜜分享活动、安静有趣的游戏活动、自主活动等。[①]

2. 组织要求

（1）小班幼儿离园要求

①能高高兴兴离园，和教师说再见。

① 王明珠．幼儿园一日活动教育细节69例［M］．北京：中国轻工业出版社，2014.

②不跟随陌生人离园。

(2)中班幼儿离园要求

①会整理个人物品,主动和教师、同伴说再见。

②会自觉排队,不拥挤,不打闹,不着急。

(3)大班幼儿离园要求

①离园前收拾好玩具,有礼貌地向教师、同伴告别。

②能给父母讲述幼儿园一日活动情况,告诉父母幼儿园需家庭配合的任务。

③能自己收拾自己的物品,自己的东西自己拿。

三、运动活动的意义及组织要求

(一)早操的意义及组织要求

1. 意义阐释

幼儿园的早操是户外运动之一,在幼儿园开展课间操,可以使幼儿的集体活动压力和紧张得到缓解,使紧张和紧绷的精神得以放松。做操可以强身健体,塑造形体美,还可以陶怡情操,而且自我服务能力、合作能力、交往能力、解决问题的能力、创造能力特别是幼儿的主体性和个性都能得到很好的发展。

2. 组织要求

(1)做好环境准备

①早操的活动场地应该是宽敞、平整的户外空间且相对固定,若遇天气变化,教师应根据天气情况另行确定适宜的场地,以保证幼儿的安全。

②如果是多个班级同时进行早操,应规划好每个班级行进的路线及先后顺序。

③可在活动场地设计一些符号标志,帮助幼儿准确站位及进行队列变化等。

④活动前,教师负责检查场地和器械安全,并指导中大班幼儿做好器械准备。

（2）做好体操编排

①各年龄段早操应该包括热身活动、基本操节、体能活动、整理放松环节等。

②根据幼儿的经验和能力编排早操，从易到难、从简到繁。

③选择适宜的音乐和便于活动的辅助器械，有助于营造良好的锻炼氛围，增加早操的趣味性，提升锻炼的效果。

（二）体育活动的意义及组织要求

《3-6岁儿童学习与发展指南》指出：幼儿阶段是儿童身体发育和机能发展极为迅速的时期，也是形成安全感和乐观态度的重要阶段。发育良好的身体、愉快的情绪、强健的体质、协调的动作、良好的生活习惯和基本生活能力是幼儿身心健康的重要标志，也是其他领域学习和发展的基础。

1. 意义阐释

健康是幼儿发展之本，体育活动是实现幼儿健康发展的重要途径。《幼儿园工作规程》指出幼儿每日的户外体育活动时间不得少于1小时。进行适当的户外锻炼，既可以提高幼儿对外界气温变化的适应能力，又可以激发和恢复幼儿主要器官的机能，促进幼儿身心健康发展。

2. 组织要求

①科学合理安排户外活动区域。

②合理投放活动材料。

③选择适宜的活动内容。

④渗透安全教育，增强幼儿自我保护意识。

⑤建立户外运动活动常规。

四、游戏活动的意义及组织要求

（一）区域游戏活动的意义及组织要求

区域游戏活动是教师依据幼儿园教育目标、幼儿发展水平和幼儿个体兴趣，有目的地创设活动环境，投放活动材料，让幼儿按照自己的意愿和能力进行小组或个别活动的一种自主学习方式。教师要充分发挥区域活动的作用，使幼儿的潜能和个性在区域活动中得以发展。

1. 意义

区域活动是幼儿一种重要的自主活动形式，它是以快乐和满足为目的，以操作、摆弄为途径的自主性学习活动。区域游戏活动有着相对开放的环境，宽松的活动氛围，灵活多样的活动形式，极大满足了不同层次幼儿发展的需要，弥补了传统教育观指导下的单一集体教学模式的缺憾，是一种幼儿自我学习、自我探索、自我发现、自我完善的活动。它使幼儿教育过程真正建立在自主、实践、探索的基础上，是对幼儿实施素质启蒙教育、充分发展每个幼儿潜能和个性的有效组织形式。区域活动充分体现了幼儿身心发展的特点，可满足幼儿活动和游戏的需要，更好地促进幼儿自由、快乐、健康地成长。

2. 组织要求

（1）创设适宜的区域环境

幼儿的发展离不开环境的作用，幼儿是在和周围环境的互动、相互作用中实现发展的，因此良好的教育环境对幼儿身心发展具有积极的促进作用。区域活动能够满足不同幼儿的兴趣与发展需要，让他们在区域活动中可以按照自己的方式去探索和积累经验，在创设区域环境时，首先要根据幼儿的身心发展特点、兴趣、活动内容等来设置区角。创设的区角应能够激发幼儿的探索兴趣，引发幼儿的主动思考，与幼儿产生互动，要能够充分发挥幼儿的主体作用，使活动区域成为促进幼儿自主性学习的园地。其次要善于利用班级现有的活动空间，固定和灵活设置相结合，创设中既要考虑到幼儿之间能相互交流、共同合作，又要注意彼此之间互不干扰，尽可能以动、静区分活动区，将较为安静的区域安排在教室里面的位置，较吵闹的区域安排在靠近门口的位置。

（2）投放多层次的活动材料

操作材料是区域活动的灵魂，影响着幼儿活动的内容和进程。投放的材料要能够使幼儿增长知识、获得有益经验、锻炼技能、激发情感。首先教师要为幼儿提供时间、空间及工具等方面的物质材料。投放的材料要具有安全性、科学性、多样性，充分挖掘其教育价值，调动幼儿主动性。其次要根据班级的教育目标，结合幼儿的年龄特点和兴趣来投放材料。材料要具有探索性、层次性、递进性、适宜性和教育性，材料要能为幼儿提供更多的按照自己意愿进行活动的机会，满足幼儿个性化的发展需要。

(二)自由游戏活动的意义组织要求

1. 意义

自由游戏活动是幼儿园一日生活中不可缺少的重要环节。《幼儿园工作规程》中规定幼儿每天自由游戏的时间不得低于半个小时。自由游戏活动是幼儿主动发起的活动，为幼儿主动探索和学习提供了充分的机会，有助于增强幼儿的自尊心和自信心，让其体验到自由、自主的乐趣。同时自由游戏活动不仅有利于增强幼儿的身心健康，还有利于增强幼儿的适应能力、互助意识、社会意识、道德修养等。

2. 组织要求

(1)环境准备

首先，要定期对室内室外自由游戏的场地、设施进行安全检查和日常维护，确保幼儿的自由游戏在安全的环境中进行。其次，有条件的幼儿园可以适当利用社区的绿地、公园等自然环境开展户外活动，同时注重场地安全的检查。最后，场地边安排相对固定的位置存放幼儿的衣物，便于幼儿自己取放。

(2)活动组织

自由游戏活动不需要结构化的特别设计，但应当依据幼儿的发展水平和具体活动场地的资源及设施情况，提出活动规则和安全要求，并对幼儿在相应的区域开展适宜的活动提出建议。此外，在幼儿当日的运动量有一定保障的基础上，可以让他们选择在指定的户外场地内进行户外自由活动。

五、学习活动的意义及组织要求

学习活动是幼儿一日生活的重要组成部分。从广义上来说“学习活动”是幼儿教育者为了实现幼儿园的培育目标，在一日活动中所安排的各种活动的总和。从狭义上来讲“学习活动”是指目前在幼儿园开展的各种主题活动或个领域教育活动。在本教材中，幼儿学习活动主要指幼儿在幼儿园进行讨论、阅读、听赏、制作、表演、实地参观、收集信息等活动，旨在让幼儿主动探索、积极体验，使幼儿的认知能力不断进步。该活动主要包括幼儿的集体学习活动、小组学习活动、个别学习活动。

1. 意义

学习活动要求教师以激发幼儿主动探索、自主活动为主，凸显幼儿自主的体验、探索发现与合作交流，注重幼儿学习的过程，丰富幼儿活动的经历和体验，为幼儿提供多种活动与表现能力的条件、机会。创设适合幼儿发展的环境，让每个幼儿在与环境、材料的有效互动中，大胆探索，充分表达，获得有益经验。

集体学习活动注重教师的预设，反映教师在观察幼儿最近发展区基础上对幼儿发展的把握，是教师按照一定的教育目标，依据一定的原则，选择教学内容，设计教学过程，面向全班幼儿实施教学过程的活动。它是一种明确便捷、系统有序、经济有效地作用于幼儿的教学方式，全班幼儿在同一时间学习相同的内容，并以相同的速度与方式进行。这样的学习教师难以顾及幼儿发展的个别差异，也无法真正满足每个幼儿的学习需求和最近发展区。小组学习活动则是幼儿与小组同伴相互学习、交流与合作的活动。应运而生的个别学习活动以其鲜明的特点弥补了集体学习活动的先天缺陷，使幼儿在学习活动中，自主性得到了发挥，个人的经验、特点得以体现，也使每个幼儿可以真正建构起属于自己的概念系统。另外，在个别学习活动中，幼儿主要是通过感知、动作、表象来认识世界的，他们在与具体材料的相互作用中，获取直接经验，在操作、摆弄、与客体交往中，进行发现性学习，这样的学习比单向地接受性学习更有意义。

2. 组织要求

(1)集体学习活动的组织要求

①活动内容与方法要符合大多数幼儿的兴趣和需要。

②活动场地的选择、幼儿座位的安排要灵活多样，材料的数量要照顾到全体幼儿。

③充分调动幼儿参与活动的积极性，尽量给幼儿表达、表现的机会。

④关注幼儿在活动中的反应(兴趣、情绪、需要)，及时调整教学行为和活

动时间的长短。

⑤活动过程中教师之间应配合默契。关注幼儿的个体需要,并做出积极的回应。

(2)小组学习活动的组织要求

①小组活动不能简单等同于“分组活动”,后者有可能只是“集中学习活动”在形式上的变化(更小的集体)。

②每次小组活动要有清晰的目标,提前准备好所有的活动材料。

③活动中提供能运用多种感官进行探索和解决问题的材料和工具。

④观察和了解幼儿解决问题和完成任务的经验和方法,幼儿有困难时可针对其能力调整任务难度。

⑤鼓励幼儿与同伴相互学习、交流与合作。

⑥让幼儿把握活动的进程,独立完成所承担的任务。

(3)个别化学习活动的组织要求

在幼儿的个别化学习活动中,教师是引导者、观察者、支持者,要先让幼儿自己探索操作,适当的时候予以指导,指导过程中尽量采用隐形的方式。当幼儿遇到困难或问题时,教师要给予一定的等待时间,让幼儿通过充分的操作、探索,尽可能自己克服困难或解决问题,在个别化学习活动中,教师必须适当放手,变直接引导为间接引导。因此在组织过程中要求:

①教师的角色是观察者、倾听者、支持者。

②让幼儿之间相互帮助、合作交流,活动中教师要提高观察、分析的能力,根据每个幼儿不同的能力、特点,进行支持、合作、引导,使每个幼儿都得到满足和成功。

六、自由活动的意义及组织要求

本教材中的自由活动主要指幼儿在园一日生活中的户外自由活动。户外自由活动给了幼儿自由活动的空间,在活动中幼儿可以自由选择体育玩具,可以自由地交往、结伴、游玩,没有压力,轻松愉悦。

1. 意义

《幼儿园工作规程》规定,幼儿每天户外运动的时间应不少于2小时。根据幼儿生长发育规律,组织幼儿开展户外活动,充分利用户外的阳光、空气、水等自然因素做适当锻炼,对提高幼儿各系统、各器官的生理机能和发展幼儿个性、促进身心健康有极大作用。户外自由活动有利于增强幼儿的身心健康,有利于增强幼儿的适应能力,有利于增强幼儿的互助意识,有利于增强幼儿的社会意识,有利于提高幼儿的道德修养。户外自由活动是室内活动的补充,由于有了充分的室外活动,可以使幼儿在室内活动时注意力更集中,促使幼儿生理、心理、个性得到全面发展。同时,自由活动是幼儿主动发起的活动,为幼儿主动探索和学习提供了充分的机会,有助于增强幼儿的自尊心和自信心,让其体验到自由、自主的乐趣。

2. 组织要求

(1)环境准备

①定期有专人对园内户外场地、设施进行安全检查和日常维护,确保幼儿的户外活动在安全环境中进行。

②有条件的情况下可以适当利用社区的绿地、公园等自然环境开展户外活动,同时注重场地环境的安全检查,排除隐患。

③场地边安排相对固定的位置存放幼儿的衣物,便于幼儿自己取放。

(2)活动设计

①在幼儿当日的运动量有一定保障的基础上,可以让他们选择在指定的户外场地范围内进行自由活动,确保幼儿每天的户外活动时间不少于2小时,其中自由活动的时间不少于半小时。

②自由活动不需要特别设计,但应依据幼儿的发展水平和具体活动场地资源及设施情况提出活动规则和安全要求,并对幼儿在相应的区域开展适宜的活动提出建议。

第三节
一日活动环节的具体实施

一、生活活动环节的具体实施

(一)来园

1. 提前到园,积极准备

教师要提前到班级教室做好入园接待的准备工作,例如检查教室清洁,打开教室门窗做好通风工作,保证教室空气流通、清新,擦拭教室门窗桌椅等,同时教师还应该在幼儿入园之前检查幼儿图书、玩具等活动材料是否充足、适宜,是否摆放整齐,为幼儿来园营造一个良好的环境。

2. 亲切接待,细心晨检

教师要热情接待家长,并与家长进行简短交谈,及时了解幼儿在家情况,听取家长的意见及要求。幼儿衣物、药品等要交接清楚。

亲切接待幼儿,检查幼儿是否携带危险物品,认真观察幼儿的皮肤、五官、精神情况,发现异常情况及时处理。对幼儿的仪表和礼仪等也要提出要求,如见到教师和小朋友要问好,有礼貌和家长说再见等。

同时,幼儿教师在晨检时要做到“一摸、二看、三问、四查、五登记”,具体的操作如下:

一摸:摸摸幼儿的额头看是否发热、发烧,摸摸幼儿的淋巴看是否肿大。

二看:看幼儿的精神、脸色、皮肤有无异常,身上有无红疹等。

三问：幼儿教师要主动询问家长幼儿在家的表现情况，有无不舒服、患病等情况。

四查：查看幼儿的手指甲和双手是否干净卫生，有无带危险物品入园，衣着是否整洁。

五登记：对带药入园的幼儿，请家长进行登记。

3. 安排丰富多彩的晨间活动

幼儿教师要安排丰富多彩的晨间活动，让幼儿自由选择各类游戏和玩具材料，使幼儿情绪稳定、愉快。指导中大班幼儿的值日生工作，要热情为其他小朋友服务，认真做事，协助教师管理自然角和整理玩具柜，写气象日记等。

4. 教育谈话，个别指导

教师要认真观察幼儿，根据幼儿的实际情况提供帮助和个别指导。活动结束时，教师要做好教育谈话，提出要求，组织幼儿收拾好玩具等。

（二）用餐

幼儿园的用餐具体包括进餐前的心理准备、餐前盥洗，进餐中技能的掌握、习惯的养成，进餐后的整理、盥洗等。多数幼儿在幼儿园要吃两餐一点或一餐两点，因此，幼儿正确进餐方法的掌握以及良好进餐习惯的养成等与进餐活动息息相关，对幼儿有明确的用餐常规要求是非常必要的。

1. 餐前准备

（1）小班的餐前准备

①教师穿上配餐套服，带上配餐帽，洗干净双手。

②营造宽松温馨的用餐氛围，安抚幼儿情绪，为愉快进餐做好心理准备。

③餐前15分钟做好桌面消毒准备工作。

④帮助幼儿有序做好餐前如厕、洗手准备工作。

⑤指导幼儿参加摆放餐具活动。

⑥用形象有趣的语言，向幼儿介绍饭菜营养，激发幼儿进餐欲望。

⑦注意让饭菜夏季散热、冬季保温，保证幼儿食物温度适中。

⑧取来的饭菜放在餐桌安全处，避免幼儿烫伤。

(2)中、大班的餐前准备

①教师穿上配套餐服，戴上配餐帽，洗干净双手。

②引导幼儿学会餐前要保持愉悦的心情。

③餐前15分钟教师带领值日生做好桌面清洁、消毒工作。

④指导幼儿自主有序做好餐前如厕、洗手等活动。

⑤指导值日生分发餐具并摆放整齐。

⑥鼓励幼儿用喜欢的方式向同伴介绍饭菜营养，激发幼儿的进餐欲望。

⑦注意让饭菜夏季散热，冬季保温，保证幼儿食物温度适中。

2. 餐中指导

(1)小班幼儿的餐中指导

①盛饭菜时动作要轻，能根据幼儿的进食量为幼儿盛饭，少盛勤添。

②帮助幼儿自己取饭，提醒幼儿端平、慢走，轻拿轻放。

③鼓励幼儿尝试各种食物，在教师的帮助下吃完饭菜。

④指导幼儿学习使用小勺进餐，提醒幼儿喝汤时两手端平餐具，避免外溢。

⑤引导幼儿不挑食。

⑥关注个别不会咀嚼、胃口不好、身体不适的幼儿，纠正幼儿吃汤泡饭的习惯。

⑦引导幼儿懂得不把饭菜放在别人碗里。

⑧关注生病、有食物过敏史、少数民族幼儿的进餐情况，适当调整食物搭配。

(2)中大班幼儿的餐中指导

①盛饭菜时动作要轻，根据幼儿的进食量盛适量饭菜。

②提醒幼儿有序端取饭菜，安静进餐，对挑食、偏食以及暴食的个别幼儿给予及时的指导和帮助。

③鼓励幼儿身体不适时主动告诉教师，教师根据实际情况及时调整幼儿进餐量。

④引导幼儿学习吃鱼的正确方法。

⑤引导幼儿正确使用筷子。

⑥引导幼儿养成细嚼慢咽、安静进食、不剩饭、不暴饮暴食等良好进餐习惯。

⑦与家长协调一致，帮助肥胖幼儿适当控制进食量，调整食物结构。

3. 餐后管理

(1)小班幼儿的餐后管理

①帮助、引导幼儿掌握饭后擦嘴、洗手、漱口的正确方法。

②引导幼儿学习将餐具分类放在固定的容器里。

③组织幼儿餐后有序进行区域活动。

④等幼儿进餐结束后进行扫除。

⑤有计划地组织幼儿进行餐后散步、户外观察等安静的活动。

⑥新生来园初期要详细向家长反馈幼儿进餐情况，并提出有针对性的意见和建议。

(2)中大班幼儿的餐后管理

①鼓励幼儿主动整理餐具，收拾食物残渣。

②提醒幼儿餐后自主选择安静的区角活动。

③引导幼儿有序地擦嘴、洗手、漱口等。

④指导值日生进行桌面、地面的卫生清理工作。

⑤组织幼儿进行餐后散步、户外观察等活动。

(三)饮水

1. 小班幼儿饮水组织方式

(1)通过示范、练习等方法引导幼儿学习正确使用水杯，对于个别不会使用水杯和容易洒水的幼儿多加关注，进行个别指导。

(2)用喝水记录图激发幼儿喝水的兴趣。

(3)为幼儿准备温度适宜的白开水。

(4)通过示范、图示引导等方法让幼儿明确接水量，指导幼儿有序、独立接水，提醒幼儿接水时眼睛看着水杯，不要边走边喝。

(5)注意观察幼儿喝水的表现，并及时给予指导。

(6)提醒幼儿安静喝水，注意把握喝水量，运动后出汗过多、天气炎热等可适当增加喝水量。

2. 中、大班幼儿饮水组织

（1）设计“喝水记录表”，激发幼儿主动喝水的兴趣。

（2）开展谈话活动，让幼儿了解喝水的注意事项，避免呛水。

（3）教师根据喝水记录，及时提醒幼儿喝水，保证每个幼儿都能适量喝水。

（4）为幼儿准备温度适宜的白开水。

（5）关注幼儿喝水情况，对聊天、打闹现象及时提醒、纠正。

（四）如厕

1. 小班幼儿如厕组织

（1）带领刚来幼儿园的幼儿参观、熟悉如厕环境，介绍男孩和女孩的如厕方式。

（2）每次幼儿如厕时保证有一名教师在旁看护，随时帮助有困难的幼儿。

（3）允许幼儿按需要随时大、小便，饭前、外出、入睡前提醒幼儿如厕。

（4）掌握幼儿排便规律，及时帮助尿床、尿裤子的幼儿。

（5）帮助穿脱衣服困难的幼儿。

（6）引导幼儿学习擦屁股的正确方法。

2. 中、大班幼儿如厕组织

（1）创设环境，可安装穿衣镜或张贴正确提裤子的步骤示意图，让幼儿按图示提好裤子并对着镜子检查。

（2）组织幼儿制定“文明如厕公约”。

（3）组织幼儿分性别如厕。

（4）及时评价幼儿如厕时的表现，对幼儿如厕过程中出现的问题给予正确引导。

（5）指导幼儿便后独立擦屁股、整理衣服。

（五）盥洗

1. 小班幼儿盥洗组织

（1）教师适当进行示范、帮助、提醒，帮助指导幼儿挽袖子，防止幼儿弄湿衣袖,帮助幼儿打开水龙头并调至合适的水流。

(2)多次分解洗手步骤,还可与幼儿一起洗手,边说边做,让幼儿轻松学习正确的洗手方法。

(3)准备形状、颜色不同的香皂激发幼儿盥洗的兴趣,香皂放置要避免二次污染,装香皂的器具要定期消毒。

2. 中、大班幼儿盥洗组织

(1)引导幼儿自己制定盥洗的规则。

(2)提醒幼儿在盥洗时安静有序,发现有打闹、玩水等情况,应及时提醒和纠正。

(3)利用榜样示范,组织中、大班幼儿教小班幼儿盥洗,激励中、大班幼儿坚持正确的盥洗方法。

(六)午睡

1. 睡前准备

(1)幼儿午睡的房间要保持空气流通,冬季时教师需要在午睡前的半个小时关窗保持室内温度,其他季节应根据空气质量情况尽量全天开窗通风。幼儿午睡前拉好窗帘,为幼儿创设一个良好的睡眠环境。

(2)幼儿园应该要求家长根据季节及时更换幼儿的被褥,为体弱的幼儿以及容易生病的幼儿准备较厚的被褥。

(3)每位幼儿的床铺、被褥、枕头等应该固定,专人专用。

(4)合理安排床位,体弱的幼儿应安排在背风处,体质较好、怕热的幼儿可安排在通风处,易尿床和活泼好动、爱说话的幼儿可安排在教师方便照顾的地方,咳嗽的幼儿最好与其他幼儿保持一定的距离,全体幼儿头脚交叉睡。

(5)组织幼儿进行散步、听音乐、听故事等安静的饭后活动,不宜让幼儿做活动量大的游戏,以保证幼儿安静入睡。

(6)检查幼儿口腔内是否有食物残渣,督促幼儿饭后漱口。

(7)提醒幼儿睡前上厕所,不带零食、玩具等物品入睡。

2. 睡中管理

(1)提示并指导幼儿先将鞋袜整齐脱放在各自的床下,将外套按要求分别叠放整齐,并放置在固定位置。

(2)春季应备背心、冬季应备棉背心等,以免幼儿睡间起床上厕所时感冒。

(3)提醒幼儿右侧卧躺下,及时帮助幼儿纠正不良睡姿,特别注意不能让幼儿蒙头睡。

(4)对一时不能入睡的幼儿可用面部表情和手势提醒,或轻轻抚摸劝慰,引导其入睡。

(5)教师应该做好交班工作,详细说明需特别关注的情况。

(6)当班教师不能擅离职守,做好每15分钟一次的巡回检查,保证在第一时间以最快速度到达发生意外的幼儿处。

(7)及时检查幼儿是否有异常情况发生,天冷时特别注意幼儿是否盖好被子,夏天为多汗的幼儿擦掉头部的汗。

(8)值班教师应动作轻盈,说话轻声,保持寝室安静,并加强午睡观察,特别是对患病的幼儿,应及时做好午睡观察记录。

3. 起床组织

(1)幼儿起床前应关好窗户,避免着凉,即使是夏天也要避免吹对流风。

(2)教师可用播放轻音乐、故事等多种手段叫醒幼儿,可分批起床,对个别起床难的幼儿应到身边轻拍或轻声唤醒。

(3)有条件的幼儿园起床前可提前20分钟打开空调,调节室内温度。

(4)穿衣服时幼儿应先坐在被窝里穿上衣,再起身穿裤子,防止感冒。

(5)有秩序地组织幼儿起床,教师应检查幼儿的衣服、鞋袜是否穿戴整齐。避免穿反鞋、穿错衣裤、不穿袜子的情况发生。

(6)起床后要做好午检,摸幼儿额头试温,观察精神状态和身体情况,根据当日气温增减衣服,及时组织幼儿分批如厕。

(7)起床后指导每位幼儿喝水,补充水分。

4. 睡后整理

(1)幼儿全部穿好衣服后,教师将幼儿床铺整理好,保证床面整洁无皱褶。

(2)起床后,一名教师组织幼儿活动,另一名教师给女孩梳头。

(3)幼儿全部离开后整理寝室卫生，打开门窗，保持空气流通。

(七)离园

1. 离园前准备

(1)教师相互配合，帮助并鼓励幼儿尝试整理衣物。

(2)组织幼儿进行谈话等安静活动。

(3)组织幼儿整理物品，准备离园。

2. 离园时

(1)教师与幼儿园工作人员相互配合，有序组织，确保幼儿安全离园。

(2)培养幼儿良好的离园常规。

(3)做好家长沟通工作，要求家长接幼儿时不要拥挤。

3. 离园后安排

(1)允许晚接的幼儿表达自己的情绪，并给予适当引导。

(2)组织晚接走的幼儿开展区域游戏等活动，鼓励幼儿自主选择、自由结伴。

二、运动活动环节的具体实施

(一)早操

1. 早操前

(1)提醒幼儿喝水、如厕、检查着装，并根据气候及身体需要增减衣服。

(2)组织幼儿列队，有序前往活动场地。

2. 早操中

(1)教师面向全体幼儿带领幼儿做操，示范动作规范、到位。

(2)留意观察幼儿的做操情况，根据幼儿的个体需要给予帮助，及时处理运动中的突发事件。

(3)尊重幼儿的个体差异，做操时对年龄小或动作不到位的幼儿不要急于纠正，可边说边示范，鼓励幼儿逐步学会按节奏、按口令做动作。

3. 早操后

（1）组织幼儿收拾器械、整理场地。

（2）组织幼儿列队，稳定情绪，有序前往下一个场地或有序进入教室。

（二）体育活动

1. 做好运动前准备

教师着装要规范，穿运动服、运动鞋，女教师不披头散发，幼儿入场之前要加强对活动场地的巡视、检查，不遗漏任何一个角落，及时发现场地是否有安全隐患。引导幼儿做好准备，生理上，在活动开始之前应引导幼儿做热身活动，活动关节和肌肉。心理上，提高幼儿参与活动的积极性和愿望，使幼儿精神振奋、情绪饱满、跃跃欲试。

2. 活动中注意观察

进行体育活动时教师和保育员要合理分工，保证每个游戏都有教师具体负责，要确保每个幼儿在自己的视线范围内，加强对幼儿的观察和指导，选择便于监护的适宜位置，随时走动巡视，适时指导幼儿活动，谨防意外。发现幼儿有危险动作时要及时制止，并进行必要的安全指导和安全教育，具有挑战性或范围大的游戏活动如大型滑梯、走跑区等应增加教师和保育员。教师要关注能力弱、年龄小的幼儿，既要鼓励幼儿大胆挑战，又要给予他们充分的保护。教师还要关注那些挑战难度大材料的幼儿，要告诉幼儿正确的使用方法，以免幼儿身体受到伤害。

3. 合理安排运动量

幼儿本身缺少调整自身活动量的意识和能力，容易造成运动量过大或偏小的情况。因此教师在安排体育活动的过程中要注意动静交替，科学的安排幼儿的运动量。[①]首先，在区域设置中考虑运动量，既要有运动量大的区域，也要有运动量小的区域，而且应该根据季节进行调整，例如夏季活动中，一般会把适合冬季的跳跃区、走跑区等运动量较大的区域更换成平衡区、水区等运动量相对较少的区域，这样既便于合理控制幼儿的运动量，又能以新的区域、新的游戏吸引幼儿，让幼儿积极主动地参与活动。其次，通过材料控制运

① 基础教育教学研究课题组.幼儿园生活及户外活动指导[M].北京：高等教育出版社，2014.

动量，例如跳跃类的材料要隔着平衡材料或钻爬材料摆放，这样幼儿就不会因为连续跳跃而感到疲劳。

三、游戏活动环节的具体实施

游戏活动是幼儿园常见的一种游戏形式，是幼儿一种重要的自主活动形式，是以快乐和满足为目的，以操作、摆弄为途径的自主性活动。教师要充分发挥区域活动的作用，使幼儿的潜能和个性在区域活动中得以发展。

（一）以观察者的身份时刻观察幼儿游戏

要更好指导幼儿区域活动，首先要时刻关注幼儿的活动，准确了解幼儿在游戏活动中的需求和表现，关注、了解幼儿已有的经验是什么，喜欢玩的是什么，然后根据观察的情况，在幼儿探索问题难以深入时，发生纠纷、缺少材料、有破坏性行为等情况下，给予及时指导，使幼儿在活动过程中遇到问题能迎刃而解，让幼儿感受自己的成功，从而更喜欢这个活动。

（二）以适当的身份适时参与幼儿的游戏活动

在区域游戏活动中，幼儿对活动区里出现的新材料很感兴趣，也乐意去尝试，但由于不会玩，幼儿的好奇心就会打折扣，甚至会转移目标，离开游戏。所以，在区域活动中不但要求教师要善于发现和调动幼儿活动的兴趣，还需要教师在及时了解和掌握幼儿活动的情况下参与活动，根据活动需要以不同角色带动幼儿进入游戏并巧妙地把教师的意愿自然而然转化为幼儿自身的意愿。当幼儿出现操作困难及不良操作行为时，应根据活动需要以不同角色带动幼儿的活动，给予的指导应是间接指导而不是直接代劳。

（三）教师应把握时机适时介入指导

如果教师介入到幼儿活动的时机没有把握好的话，就起不到及时指导的作用，由于没有及时引导，幼儿可能会对新事物失去探索和尝试的欲望。

四、学习活动环节的具体实施

学习活动是幼儿一日生活的重要组成部分。学习活动主要指幼儿在幼儿园进行讨论、阅读、听赏、制作、表演、实地参观、收集信息等活动，旨在激发幼儿主动探索、积极体验，使幼儿在认知能力和态度上不断进步。

（一）做好活动前准备

教师是幼儿学习活动的观察者、引导者、合作者、支持者，因此在活动开始之前教师一定要做好准备工作，例如活动内容的选择、场地的安排、材料的准备、幼儿的实际需要等。

（二）以游戏形式引起幼儿的兴趣

游戏是幼儿各类活动赖以进行的最好载体，是符合幼儿身心发展的实践活动。根据幼儿身心发展和学习特点，幼儿园的活动应以游戏为基本途径，渗透在幼儿园的一日生活的各个环节中。

（三）让幼儿不断实践

充分的、不断反复的实践是幼儿学习活动的关键。生活在集体中的幼儿，他们的学习活动在反复的实践中得以强化，进而养成良好的习惯。教师应尽最大的努力创造条件，为幼儿提供练习的机会。无论是在态度上还是在方式方法上，都要有足够的耐心，一定要持有“再试试，等你慢慢来”的态度，为幼儿提供学习的机会。

（四）建立平等的师幼关系

在幼儿的学习活动中，首先教师应以长期自居的“领导者”“指挥者”的角色中转变过来，给幼儿一个平等、公平、合理的受教育环境。教师可以把对幼儿的要求在一个平等融洽的环境中提出来，与幼儿共同讨论。

（五）注重学习活动的常规

学习活动的主要形式是操作和游戏，因此操作前的要求、操作中的检查和常规培养就显得格外重要，培养得好能使活动得心应手，大大提高学习效果。

（六）体现活动的指导性

首先，方法多样化。教师可根据幼儿的年龄特点和实际发展水平，采用一些幼儿喜爱的、多样的幼儿园教学方法，如情境法、游戏法、观察法、比较法、讨论法、谈话法、实践法、角色表演法等多种方法进行学习，可以避免单一枯燥的说教。其次，内容生活化。幼儿学习活动生活化，不仅可以让活动内容丰富、生动具体，而且能贴近幼儿生活，让幼儿学习过程变得轻松自然。最后，手段现代化。教师可以借助多媒体课件组织学习活动，利用多媒体组织活动，不仅可以激发幼儿的学习兴趣，还可以提高效率。教师把现代化教育手段和传统教育教学有机结合在一起，取长补短，提高教育教学质量。

五、自由活动环节的具体实施

（一）自由活动前

提醒每名幼儿如厕、喝水等，做好活动前的准备。

指定自由活动的场地，明确自由活动的区域界限，并强调安全要求。

（二）自由活动过程中

教师之间做好场地的责任区分，保证所有幼儿都在视线范围内，必要时要适当移动，相互协助。

关注每名幼儿的安全，尽量在危险发生之前就排除相关因素，若出现意外事件，应按照幼儿园安全应急预案要求及时处理。

关注因特殊情况离群的幼儿，活动中要尽量避免个别幼儿离群，如需要离群，应保证幼儿去的地方在教师视线范围内或由一位教师带领。

根据天气变化及幼儿活动状况及时提醒、协助幼儿增减衣物。

观察幼儿的活动，积极回应幼儿需求，与幼儿交流和他们游戏有关的想法。

提供适当的资源，以协助幼儿提升游戏水平。

帮助幼儿发展正向的社会互动。

（三）自由活动后

发出整理器械及集合的指令，组织幼儿将玩过的器械或材料归还原处，整理自己的衣物等，并列队清点人数。

配班教师带领值日生收拾、整理活动场地，检查是否遗漏衣物等。

对活动做简单的小结，组织幼儿有序回教室。

第四节 一日常规的建立

幼儿园班级一日常规是指以班级为单位的集体环境中，教师帮助和指导幼儿建立的一定的规则。它是幼儿必须遵守的日常生活规则，是幼儿园为了使幼儿的生活丰富而有规律，调动幼儿在一日生活中的主动性和积极性，培养自主性和独立性而采取的措施。它有利于幼儿在园日常、教学、游戏等活动的有序进行。通过常规教育让幼儿知道什么时候应该做什么以及不应该做什么，应该怎样做以及不应该怎样做，借以提高幼儿的自动化程度，减轻幼儿在日常生活中不必要的紧张，同时也有利于成人的工作，以保证教育的一致性和一贯性。

一、一日常规的基本内容

（一）晨间接待

1. 微笑迎接，亲近幼儿，互道"早、好"。

2. 关注幼儿情绪及健康状况，引导幼儿自主选择活动内容。

3. 与家长简短交接或交流，应站在活动室门口，并随时观察其他正在活动的幼儿。

4. 观察幼儿能否自己挂好外套，对于年龄小或能力弱的幼儿适当帮助及鼓励。

（二）户外活动

1. 开展丰富多彩的户外游戏和体育活动。保证户外活动时间（全日制每天不低于2小时，寄宿制每天不低于3小时，其中包括1小时体育活动）。充分利用自然条件让幼儿进行适当锻炼，增强幼儿体质，提高对环境的适应能力。

2. 合理安排早操和体育活动内容，结合本班幼儿的年龄特点和发展水平，提供丰富的器械材料，开展形式多样的锻炼活动，注重激发幼儿兴趣，吸引幼儿主动参与，并达到一定的练习密度和运动量。培养幼儿勇敢坚强的意志品质和乐观合作的态度。

3. 注重幼儿安全防护。户外活动前教师应检查活动场地、玩具器械、幼儿着装，并进行相关的安全教育，活动中应根据天气、幼儿体质、运动量大小，适当增减衣服，活动后应做好整理工作，提高幼儿的自我保护意识和自理能力。

（三）生活活动

1. 盥洗

指导幼儿学习正确的盥洗方法，培养幼儿饭前、便后和手脏时洗手，养成早晚刷牙、饭后漱口的习惯。

培养幼儿定时大小便的习惯，允许幼儿按需要如厕，指导幼儿使用便纸，帮助幼儿便后整理好服装。

随机进行生活常识与生存技能教育，重视实际操作和个别指导。

2. 进餐

营造安静、愉快的进餐环境，向幼儿介绍每道菜肴，最大限度地激发幼儿的食欲。鼓励幼儿合理用餐，不偏食，用餐前后不进行剧烈运动。

培养幼儿良好的饮食卫生习惯，饮食进餐时细嚼慢咽，不喧哗、不走动，关心食欲不振和体弱的幼儿，保证幼儿的进食量。

指导幼儿正确使用餐具、收拾碗筷、清理桌椅，学习正确的方法漱口，建立科学合理的用餐常规。

3. 午睡

创设安静舒适的睡眠环境，促使幼儿迅速入睡，巡回观察幼儿睡眠情况，发现异常及时处理并做好记录，保证午睡时间。

关注幼儿睡姿，及时纠正不正确的姿势，提醒幼儿穿着适宜并正确有序地穿脱衣服，整理床铺。

4. 游戏活动

创设适宜的游戏环境，准备丰富的游戏材料和玩具，指导家长和幼儿利用废旧物品自制玩具，保证每一个幼儿都能参与操作。

保证游戏活动时间，使幼儿有自主选择和自由活动的机会，让幼儿在生动丰富的游戏情境中体验快乐，获得直接而有益的生活经验。

引导幼儿拓展游戏主题，丰富游戏内容，随时观察幼儿在游戏中蕴藏的发展需要和教育契机，发掘幼儿游戏的教育价值，培养幼儿自主探索的创新精神，提高幼儿自己解决问题、化解冲突的能力。

培养幼儿良好的游戏习惯，在游戏中能遵守规则，与同伴友好相处，促进幼儿社会性的发展。

5. 教育活动

注重幼儿的身心发展规律和学习特点，以游戏为基本活动，寓教育于一日生活中，使教育活动内容既贴近幼儿的生活，又有利于拓展幼儿的经验和视野。

创设与教育相适宜的环境，充分发挥环境的教育功能，使幼儿在主动参与和动态变化的环境中获得全面发展。

在教育活动中关注个体差异，因人施教，分层指导，及时反馈、调试教育行为，努力提供使每一个幼儿都能获得满足和成功的机会。

引导幼儿调动多种感官主动参与活动，在活动中直接感知、体验和操作，亲历解决问题的探究过程，获得真实的认知和经验。

充分利用家长、社区资源，开展丰富多彩的教学活动，在家园社区的互动中拓展幼儿视野，并不断提高家长科学育儿的水平。

培养幼儿良好的学习习惯，激发幼儿的学习兴趣和求知欲望，为幼儿的可持续发展打下良好的基础。

6. 自由活动

观察幼儿的交往情况，是否有与同伴交换玩具的意识和行为。

可参与幼儿活动，进行个别沟通、交流。

提醒幼儿饮水。

7. 离园活动

离园前开展一些幼儿喜欢的桌面游戏，并关注幼儿的活动情况。

做好家长接待工作，可向家长简单介绍幼儿的一日活动情况。

提醒幼儿不要遗漏物品，互道“再见”。

最后教师离开时关好门窗、灯光。

二、一日常规的要求与实施

（一）科学、合理的安排和组织一日常规生活

时间安排应有相对的稳定性和灵活性，既有利于形成秩序感，又能满足活动的需要，尽量减少不必要的集体行动和过度环节，减少和消除消极等待等浪费时间的现象，提高活动效率；教师直接指导的集体活动要能满足绝大多数幼儿的需要，建立良好的常规，减少不必要的管理行为，逐步培养幼儿的自律。

其次教师是幼儿学习活动的支持者、合作者、引导者。要以关怀、接纳、尊重的态度与幼儿交往。耐心倾听、努力理解幼儿的想法与感受，支持、鼓励幼儿大胆探索与表达，关注并敏感地察觉幼儿在活动中的反应，及时调整活动计划或教育行为，使之适合幼儿的学习，善于发现幼儿感兴趣的事物或偶发事件中所隐含的教育价值，把握教育的时机，提供适当的引导。

（二）教师在一日活动中的常规顺序

晨检：开窗通风、餐桌消毒等。

早餐前活动：区域活动、谈话活动等，用餐前教师讲解正确用餐方法、盥洗顺序。

早餐后活动：阅读、餐后小游戏等。

集中教育活动：培养幼儿有事举手告诉老师，学会倾听等习惯，引导幼儿注意力集中，有正确的坐姿等。

区域活动：在进区域活动之前，教师要对区域活动的要求、规则进行介

绍。区域活动的过程中,教师要观察、指导,区域活动结束后教师要进行小结,对存在的问题要及时解决和纠正。

户外活动:组织幼儿有序进场,活动中要能从各个角度观察幼儿,检查器械的安全,在幼儿分散活动前,教师要事先做示范并检查器械是否安全,集合时教师要清点幼儿的人数,所有的幼儿都归队后才能整队回班。

午餐活动:培养幼儿吃饭时不说话,安静进餐。添饭添菜时举手示意告知老师,不浪费粮食。

午睡活动:午睡前提醒幼儿如厕,检查幼儿是否携带异物,培养幼儿自己叠衣服的习惯,将衣物有序放在固定的地方,午睡过程中教师要巡视,午睡过后组织幼儿有序穿衣,清点好人数后进入班级教室。

离园活动:和幼儿友好道别,可适当与家长进行交流沟通。

(三)教师间密切合作,一致做好常规工作

主班教师作为领头人,要带领大家做好本班的各项工作,对出现的问题应及时协调解决,使大家保持积极的工作热情,团结一致的工作态度。尊重班级的各位教师,充分信任每一位教师,让大家积极主动地解决问题,促进工作的顺利开展。班级成员在班级总体工作目标下明确职责,分工合作,使每个人都优质高效完成自己的工作。

三、一日常规建立的途径

(一)榜样激励法

榜样激励法是教师根据幼儿“爱模仿”的特点,强化某些幼儿的正确行为,激励其他的幼儿以此为榜样,从而教育影响幼儿的一种方法。榜样由于具体、形象,容易被幼儿接受,且能长期保存在记忆里,一般可以用下列人物和事物做榜样:

1. 以同班幼儿为榜样,促进常规教育。在同班幼儿中总会有一些幼儿能够按照教师的要求去做,教师要善于发现幼儿中的这些闪光点,加以鼓励和激励,并要求其他幼儿向他学习,通过榜样的力量促进幼儿常规的形成。

2. 以教师为榜样。教师是幼儿心目中最有威望的人,一言一行都会被他们模仿,幼儿对教师非常信任和依赖。因此,教师要以身作则,成为幼儿的榜样。

3. 以文艺作品中的典型形象为榜样，唤起幼儿情感。比如可以使用儿歌中的榜样来激发幼儿的兴趣，唤起幼儿良好的情感，帮助幼儿记住常规的要求。

（二）活动兴趣法

幼儿喜欢在有趣的活动中接受教育，而游戏则是对幼儿进行常规教育的良好手段。教师根据幼儿喜欢游戏的特点，用游戏的形式或采用游戏的口吻激发幼儿的学习常规，把对幼儿的要求转化为幼儿的内部需求，从“必须这样”到“我要这样”。

（三）艺术作品熏陶法

儿歌、故事、绘本、木偶剧等文艺作品短小精悍，读起来朗朗上口，寓教育于艺术作品中，可以使一些常规要求在反复朗诵和活动中潜移默化。例如听故事《小猪变干净了》来帮助幼儿养成良好的盥洗习惯。

（四）环境提示法

这是一种将班级的常规要求用绘画作品、照片、图示、文字符号等形式展现在幼儿面前，提示幼儿遵守常规的一种方法。环境提示法容易让幼儿自觉遵守活动的规则，比起教师的说教更容易让幼儿接受，而且往往能收到良好的效果。

（五）行为练习巩固法

幼儿最初了解了一定的生活常规习惯之后，还需要通过游戏和情境表演、比赛等形式加以巩固。如引导幼儿模拟练习正确的洗手方法，比一比谁做得最好，并适当奖励，达到巩固行为、建立良好常规的目的。

（六）家园合作法

家长是幼儿的第一任老师，有着教师无法代替的作用，家园合作非常重要。老师要了解幼儿家庭的不同文化背景，指导家长配合幼儿园进行一致性教育，巩固幼儿良好的生活常规习惯。因此，可以利用家园联系手册、电话、家访、家长会等多种渠道，与家长建立经常性的联系。

四、一日常规落实的关键

（一）建立良好的人际关系、使幼儿感到安全

为幼儿创设宽松、民主、自由的精神环境，是促进幼儿主动遵守各种规则的一种有效手段。教师应努力与幼儿建立一种平等、和谐的师生关系，让幼儿参与常规的制定，参与常规制定的过程实际上也是引发幼儿思考的过程。例如午睡起床后要叠被子，床较小被子叠起来很困难，有的幼儿在地上叠被子，很不卫生。此时教师应抓住时机组织幼儿讨论：应该在哪里叠，怎么叠？幼儿自己出主意往往比老师提的意见更容易遵守。类似这种规则的制定可以在幼儿相互讨论的基础上，由师生共同来完成。因此教师要了解幼儿的需求，成为幼儿的知心朋友。

（二）创设内容丰富、形式多样的学习环境

创设能满足幼儿各方面发展需要的教育性环境，是幼儿一日生活中必不可少的条件。班级环境是为幼儿创设的，应该从幼儿的视角去看待环境中的各种布置。幼儿的学习环境应当既是井然有序的，又是丰富多彩的。

（三）一日活动的安排应具有稳定性和灵活性

幼儿园班级的一日生活安排应当既稳定有序又可灵活调整。幼儿园的各类教育活动的时间或顺序可以根据幼儿活动的情况做适当调整，但是，幼儿一日生活中的各类活动不能随意取消，更不能因外来的、与班级无关的因素而随意打乱。

（四）处理好自由与纪律的关系

纪律是班级生活所必需的，但是纪律必须服从于教育目的，应当成为幼儿积极主动的成长的保证。要废除妨碍幼儿健康成长的规定。在一日生活的组织中，教师应该管得合理，要放手让幼儿通过自身的活动克服困难，获得经验。

（五）处理好班集体和个人的关系

教师应关心每个幼儿，让每个幼儿感觉到班级是温暖的、快乐的。全班幼儿应按统一的教育要求和规则进行活动，具有集体性、统一性的特点。同

时，教师还应关注班级中的个别幼儿，特殊情况特殊对待，对身体素质差、心智发育较慢的幼儿，应给予他们更多的关怀。

（六）家园合作是培养幼儿一日常规的关键

家长应积极主动与幼儿园联系，紧密配合幼儿教师、保育员做好幼儿的教育工作，使教育目的与教育步调达到一致，积极鼓励幼儿参与集体活动，积极参与家园联系活动，如家长开放日，从而了解班级的一日常规。通过参加讲座、家长经验交流会等活动学习科学育儿的知识和方法。家园长期紧密的有效的合作将十分有助于幼儿良好品质和习惯的养成。

（七）评价每天的活动计划

每日规划好的课程计划执行之后，对其实施效果应该有一个基本的评估。教师可以通过回忆全天每个活动过程，反思课程计划是否适宜：今天的活动是否使每个幼儿都过得愉快，有什么不合适的地方吗？幼儿在一天中有哪些收获，明天还需要补充什么经验？有特别问题的幼儿今天有什么变化？幼儿是否有新的兴趣或需要等。

思考与练习

1. 幼儿园一日活动有哪些基本内容？

2. 幼儿园一日活动的安排要遵循哪些原则？

3.《幼儿园教育指导纲要（试行）》中的教育目标较多使用“体验”“感受”“喜欢”“乐意”等词汇，这表明幼儿园教育强调（　）。

A. 知识取向　B. 情感态度取向　C. 能力取向　D. 技能取向

4. 下列哪一种不属于《3-6岁儿童学习与发展指南》倡导的幼儿学习方式（　　）。

A. 强化学习　B. 直接感知　C. 实际操作　D. 亲身体验

5. 幼儿园一日生活活动包括哪些基本内容？

6. 材料：3岁的阳阳从小跟奶奶生活在一起，刚上幼儿园时，奶奶每次送他到幼儿园准备离开时，阳阳总是又哭又闹。当奶奶的身影消失后，阳阳很快就平静下来，并能与小朋友高兴地玩耍。由于担心，奶奶每次走后又折返回来。阳阳每次看到奶奶时便立刻抓住奶奶的手，再次哭泣起来。

针对上述现象，请结合材料进行分析：

(1)阳阳的行为反映了幼儿情绪的哪些特点？

(2)阳阳奶奶的担心是否必要？教师该如何引导？

7. 组织幼儿自由活动有哪些策略？

8. 区域活动的设置应考虑哪些要素？

9. 怎样组织幼儿的晨间谈话？

10. 幼儿园一日常规的基本顺序是？

11. 举例说明如何在幼儿园一日活动中实施“环境提示法”？

第 4 章

幼儿园各年龄班的班级管理

英国作家萨克雷说过:“播种行为,收获习惯;播种习惯,收获性格;播种性格,收获命运。”良好行为习惯的养成以及规则意识的形成,对于一个人尤其对于幼儿来说,具有不可估量的价值和意义。幼儿期是人的一生当中最具可塑性的时期,是养成良好行为习惯、形成规则意识的关键期。作为幼儿一日生活的核心单位和重要场所——幼儿园班级,班级管理活动开展的得当与否不仅直接关系着幼儿园教育的质量,而且直接关系着幼儿身心是否能全面和谐发展。在幼儿园班级管理工作中,大、中、小班的幼儿到底呈现出怎样的年龄特点、班级特征以及该如何进行恰当的引导呢?教师应如何对小班、中班、大班等不同年龄班的幼儿进行管理呢?本章将围绕一系列问题进行详细阐述。

【学习目标】

1. 了解不同年龄段幼儿的差异，理解并掌握小、中、大班的班级特征及引导方式。

2. 能制定不同年龄班级管理的工作计划，根据幼儿的年龄特点和身心发展规律组织和开展不同年龄班级的管理活动。

3. 树立科学的幼儿园班级管理的意识，形成正确的幼儿园班级管理观念。

【学习重难点】

掌握幼儿园不同年龄班级的班级特征、引导策略以及管理要点；掌握小班幼儿的入园管理以及大班的幼小衔接要点。

【知识结构图】

- **幼儿园各年龄班的班级管理**
  - 幼儿园小班的管理
    - 小班幼儿的年龄特点
    - 小班班级管理
    - 小班的管理要点
  - 幼儿园中班的管理
    - 中班幼儿的年龄特点
    - 中班班级的特征及管理引导
    - 中班的管理要点
  - 幼儿园大班的管理
    - 大班幼儿的年龄特点
    - 大班班级的特征及引导
    - 大班幼小衔接
    - 大班的管理要点

第一节
幼儿园小班的管理

一、小班幼儿的年龄特点

小班的幼儿一般为3-4周岁，处于从婴儿期过渡到幼儿期这一特殊阶段，由于生理和心理等方面处于快速发展时期，具有活泼好动、好奇心强、自制力差、注意力持续时间短、动作发展速度快以及情绪不稳定等特点。具体而言，小班幼儿的年龄特点主要表现为：

（一）自主性差，依赖感强

由于受年龄特点的影响，小班幼儿的自我意识和个性特征尚未形成，因此，在幼儿园活动中喜欢模仿他人、追随他人，缺乏主见和自主性，在各种活动中更多地依赖成人的指导和帮助。相对于中班和大班幼儿来说，小班幼儿比较乖巧、听话，更乐于听从教师的安排，服从教师的要求，因此，这在一定程度上有利于幼儿园班级管理活动的进行。然而，小班幼儿的自主性相对较差，依赖感很强，许多事情都要依赖教师和父母的帮助，无法独立完成各种任务，这无疑在一定程度上加大了幼儿园班级管理的难度。除此之外，小班幼儿的注意力集中时间非常短暂，大概为5-10分钟，随意性强，特别容易受到外界的干扰，这在一定程度上也影响了幼儿自主性的形成。所以说，小班幼儿由于生理和心理发展的不成熟，在幼儿园各种活动中往往表现出较强的依赖性，自主性相对较差。

（二）有独立倾向，生活自理能力较差

当幼儿在2–3岁时，往往会产生不愿意与大人合作的行为，比如说，用沉默、退缩或身体的抵抗来拒绝成人的要求，并往往用“我自己来”“我可以的”等话语来拒绝成人的帮助，这种抗拒通常在3–4岁时达到高峰，心理学上称这一时期为“第一反抗期”。在这个时期，幼儿表现出严重的独立倾向，尝试自己洗手，自己用餐勺进食，自己穿脱衣服、鞋袜等，但由于身心发展水平有限以及动作能力发展的制约，动作仍显迟缓、笨拙，并不能有效地处理日常生活中的各种问题，许多自理行为需要在成人的帮助和指导下才能完成。

（三）动作发展速度较快

幼儿在3–4岁这个年龄阶段，身体发育速度快，动作发展也相当迅速，这个时期的幼儿已经能独立完成坐、立、行、走、爬、钻等基本动作，还掌握了跑、躲避、扔、拐弯以及减速等稍具难度的动作，甚至可以扶着栏杆上下楼梯，会骑儿童三轮车，会解纽扣，会自己喝水和会用勺子吃饭等。换而言之，小班幼儿的动作速度发展较快，并且具有一定的稳定性和持久性，各种动作一旦熟悉，不会轻易忘记。这一时期小班幼儿的手眼协调能力也得到了较快的发展，肢体动作变得相对灵活，具有一定的协调性，如在进餐过程中可以一手捧碗一手拿汤匙，或在游戏活动过程中可以边奔跑边跳跃。总之，这个年龄段的幼儿动作发展进入了一个快速发展关键期，但身体控制力较差，并不能灵活自如地控制身体，在活动中缺乏自我保护的意识和能力，需要成人的帮助和指导。

（四）情绪波动大、不稳定

情绪对3岁左右的幼儿的行为起着一定的支配作用，也就是说，幼儿的许多行为都是在各种情绪的影响下出现的。小班的幼儿比较容易激动，而且激动起来难以控制，甚至在很长一段时间内无法平复。他们对成人表现出强烈的依恋，初次离开父母，会表现出极度的惶恐和不安。3岁以后，社会化是幼儿情绪情感发展的一个重要趋势。情绪情感的发展越来越多地受到自我意识的支配，幼儿的自我调节能力也相应地越来越强，主要表现为冲动性减少、内隐性增强、稳定性提高等方面。情绪情感的发展，反映出幼儿期的儿童已经具备初步的控制情绪情感的能力。较之3岁以前的幼儿，他们已开始产

生调节情绪的意识，尽管在实际行动上尚且无法真正控制。

二、小班班级管理

幼儿离开家庭进入幼儿园，意味着他们将离开自己熟悉的家庭环境，来到陌生的幼儿园环境，是其从家庭迈向社会的第一步。在陌生的幼儿园环境里，面临着新的学习任务，新的交往对象，新的生活方式，这不仅需要他们适应新的生活方式，学习新的人际交往方式，而且需要遵守幼儿园生活的基本规则和制度。这对于小班幼儿来说，不仅是其成长过程中的一次重大转折和挑战，也是一次严重的发展性危机。环境的突变以及生活方式的转变，容易引发他们严重的恐慌和焦虑。如果幼儿能顺利地适应幼儿园生活，那么就成功地迈出了社会适应的第一步。然而，对于刚刚入园的幼儿而言，由于周围的环境、交往的对象、生活的方式等都发生了很大的变化，导致入园会出现各种各样的不适应，并伴有不同程度的“分离焦虑”，比如说，不愿意上幼儿园，无法与同伴友好相处，攻击性行为较多，生活不习惯，生活自理能力差，不善于管理自己的行为等。除此之外，由于小班幼儿语言表达能力有限且行为发展尚不完善，在对其进行管理时具有相当大的难度，但是做好小班的班级管理工作可以为其他年龄班级的管理工作奠定坚实的基础。

总之，在幼儿园小班班级管理工作中，生活管理是重头戏。首先，管理内容应重点放在初步培养良好的生活习惯以及卫生行为等方面，帮助幼儿形成良好的习惯，养成符合规范的行为，逐步适应幼儿园环境与集体生活。其次，管理的方式应充分尊重幼儿的身心发展规律和年龄特点，采用易于幼儿接受的游戏法、儿歌法、故事引导法等。最后，管理的策略应灵活多样，充分发挥教师和家长的作用，加强与家长的沟通合作，实现家园双方的合作共育。

（一）小班班级管理内容

对于刚进入幼儿园的幼儿来说，生活常规的培养是小班班级管理的重要内容，包括盥洗活动常规、饮食活动常规、睡眠活动常规、来园离园常规等。在幼儿园活动中，教师应有意识地进行指导，教会幼儿简单的礼貌用语，帮助幼儿形成基本的生活自理能力，养成良好的生活习惯。（见表4-1-1）

表4-1-1 小班班级管理内容

生活环节	具体内容
来园活动	1.高兴地上幼儿园,向教师问好 2.自觉接受晨检 3.入班后,在教师的指导下,将脱下的衣物放在固定位置
盥洗活动	1.逐步养成饭前洗手、便后洗手、饭后漱口的习惯 2.洗手前将衣袖卷起,排队依次洗手,洗好后用自己的毛巾擦手 3.想上厕所时主动告诉教师,学会自己上厕所
饮食活动	1.安静就座,正确使用餐具 2.细嚼慢咽,不挑食,保持桌面整洁,养成文明的进餐行为 3.学会餐后擦嘴、漱口 4.收拾餐具及桌上的食物残渣 5.能认识自己的水杯、毛巾,能自觉排队打水
睡眠活动	1.午睡前能自己铺被子,自己将外套叠放整齐 2.独立入睡并保持正确的睡姿,午睡期间不随意讲话,安静入睡 3.在教师的帮助下,按照顺序脱衣服和鞋袜,放在固定位置 4.起床后,在教师的指导下整理床铺,并放到规定的位置 5.自己穿外套,能帮助小朋友系扣子、拉拉链等
离园活动	1.摆放好自己的桌椅,离开活动室 2.将脱下的衣服、帽子穿戴整齐 3.学会简单的礼貌用语,和教师说“再见”

(二)小班班级管理方式

小班幼儿的认知发展水平低,记忆力差,理解水平低,因此,对于小班幼儿的班级管理应充分考虑幼儿的年龄特点以及身心发展水平,采用灵活多样、易于幼儿接受的管理方式与方法,帮助小班幼儿养成良好的行为习惯与生活方式,顺利地适应幼儿园生活。

1. 通过游戏活动的方式进行

《幼儿园工作规程》明确指出,幼儿园以游戏为基本活动。游戏是幼儿最喜爱的活动形式,在有趣的游戏活动中,不仅可以促进幼儿身体、心理、社会性等发展,还可以帮助幼儿掌握必要的知识和技能,发展幼儿各方面的能力。因此,教师可以采用游戏活动的方式对幼儿进行生活常规的教育,如此一来,幼儿不仅乐于参与其中,而且能收到事半功倍的效果,比如在“娃娃家”

游戏中，幼儿可以练习穿脱衣服、刷牙和洗脸等，从而使幼儿在身心愉悦中达到教师想要的效果。

2. 通过反复练习和强化的方式进行

小班幼儿的记忆力持久性相对较差，对于所学的知识和技能特别容易遗忘，因此，常规的养成、良好行为习惯的养成需要通过多次练习反复强化，帮助幼儿形成良好的生活习惯。幼儿园的一日生活为小班幼儿提供了在生活环境里进行练习的机会，比如教给幼儿穿脱衣服的顺序和方法后，可组织幼儿进行脱衣服比赛，看谁脱得又快又准确，对于表现较好的幼儿及时给予肯定和表扬，从而促使幼儿在反复练习中养成良好的行为习惯。

3. 做好个别教育和随机教育

幼儿是独特的个体，由于生理、心理、社会性等方面的发展速度不同，以及生活背景、已有经验等的不同，小班幼儿具有自己的特点和需要，他们不仅是正在发展中的个体，而且是能动的主体。因此，作为幼儿教师，应该注重幼儿的个性发展特点，尊重幼儿的个别需要，多角度地去评价每一位幼儿。除此之外，幼儿教师还应充分发挥自己的教育经验和实践智慧，合理有效地利用幼儿园一日生活中随时出现的教育契机，对幼儿进行适时的教育和合理的引导。

（三）小班班级管理策略

1. 创设和谐的班级环境

幼儿园班级环境是否和谐，直接关系到初入园幼儿的归属感与安全感的形成。幼儿园班级环境通常包括物质环境与精神环境两方面。为确保幼儿能够喜欢上陌生的幼儿园环境，进而解决幼儿入园焦虑与恐惧等问题，教师需要从物质环境与精神环境着手创设和谐的班级环境，从而激发小班幼儿入园的积极性。首先，教师应为小班幼儿创设温馨的物质环境。温馨的物质环境可以让幼儿感到安全，由此幼儿才能投入注意力，感受到环境的友好。其次，教师应营造轻松、愉悦的心理环境。对于入园适应期的小班幼儿来说，轻松愉快的环境可以在一定程度上打消幼儿的焦虑、紧张，消除幼儿的戒备心和警惕感，从而全身心地投入幼儿园活动中。教师应积极地接纳幼儿，表现出对幼儿的理解、认同，并且通过自己的身体力行，引导幼儿积极地参与班级活动，表现出积极的行为。当幼儿遇到困难时，教师应给予适宜的回应并及时解决。教师应尽可能地考虑到每位幼儿的需要，关注到每位幼儿的情绪状态，对于内向、羞涩的幼儿可以通过拥抱、轻声交谈等方式予以鼓励，让幼儿在新环境中感受到温暖。最后，教师应设立富有弹性的、灵活的适应期常规管理制度。在时间安排上，适当缩短幼儿在园时间，在开学的两个星期内，允许他们迟入园、早离园等。在内容安排上，根据幼儿注意力时间短的特点，降低幼儿对新环境的敏感度，为个别具有特殊生活习惯的幼儿提供一定的自由度。在管理方式上，突出人性化、民主化，打破常规制度的束缚，采用灵活多样的方式。

2. 制定合理的班级规则

小班幼儿由于年龄较小，身心发展水平较低，理解能力和生活经验有限，明辨是非能力以及接受能力不高，因此幼儿园小班班级规则的具体内容、表现形式以及实施方式都应基于小班幼儿的身心发展水平，从小班幼儿的实际需求出发。具体而言，第一，班级规则的制定应建立在充分尊重和了解幼儿的基础上。教师要全面了解、细致观察每一名幼儿，了解并尊重幼儿身心发展特点以及现有的经验水平，并结合幼儿的各种特点制定出符合本班幼儿身心发展特点的班级管理方案。第二，班级规则的内容应具体明确、简单易行。由于小班幼儿理解水平有限，行为约束力差，规则的内容应简单具体，而且必须以有益于幼儿身心发展为核心目标，以实现幼儿的自由与创造性培养为前提。第三，班级规则的表现形式可采用生动形象的图画、标识和标记。这样能帮助他们理解班级规则的概念，形成班级规则的初步认识。第四，班级规则的实施不仅要循序渐进，还要灵活多样。由于游戏是幼儿的主要活动形式，可以通过游戏活动的方式引导幼儿在班级中应该做什么，不应该做什么等。除此之外，还可以通过唱儿歌、绘画、讲故事等形式进行。

3. 合理安排幼儿园一日生活

小班幼儿的好奇心强，注意力持久性差，对于初入园的幼儿来说，由于所处环境、交往对象的变化，在陌生的幼儿园环境里往往存在着各种不适应的情况，那么，教师可以充分利用幼儿的这一特点科学安排幼儿园一日生活，组织丰富多彩的活动来吸引他们的兴趣，转移注意力。具体来说，教师应合理安排幼儿入园、如厕、进餐、盥洗等活动，避免各环节过渡的消极等待现象，在各个环节中利用多种形式，引导幼儿主动参与、积极配合，从而实现班级活动的正常开展和有序进行。幼儿全身心地投入各种活动去，不仅有助于其认知、情感、社会性等各方面的发展，还有助于解决入园初期的“分离焦虑”问题，促进小班有序班集体的形成。总之，幼儿教师在组织一日生活时，可以使用简单、有趣的游戏形式，让幼儿学得轻松、做得快乐，帮助他们更好地融入幼儿园这个集体的大环境中来，并逐渐形成自主、自理、自立的性格。

三、小班的管理要点

幼儿园是培养幼儿良好行为习惯和生活方式的重要场所，在大班、中班以及小班这三个年龄班中，小班阶段是基础中的基础。所以，幼儿园小班班级管理在做好保教工作的同时，重点应放在常规的培养上，同时还要将品德教育渗透在一日生活的各个环节中。具体来说，小班班级管理的要点主要包括以下方面：

（一）构建融洽的师幼关系，创设良好的教育环境

对于刚刚进入幼儿园的幼儿来说，周围的一切都是陌生的、未知的，在陌生的环境里，幼儿容易产生焦躁不安的情绪。教师应基于幼儿的视角进行班级管理，设身处地为幼儿着想。幼儿视角下的班级管理意味着教师要尊重幼儿的兴趣，相信幼儿的潜力，满足幼儿的需求，从幼儿的立场出发，积极为幼儿建构尊重、理解、信任的氛围，在环境中为幼儿提供充足适宜的空间、时间、材料、机会，尽可能地追随幼儿的兴趣点，围绕幼儿的需要开展活动。更重要的是，教师应了解小班幼儿身心发展特点，尊重个别差异。每一个幼儿都是独特的个体，不管幼儿园教育也好，还是幼儿园班级管理工作也好，幼儿园教师都应注重个别差异，因人而异，因材施教，不能用同一个尺度来衡量他们，用集体行为来规范每一个幼儿。教师要了解每一位幼儿，在实施班级管理的过程中，顾及幼儿的个别差异，不用整齐划一的标准去衡量幼儿。教师平时应该鼓励和引导幼儿大胆地说出自己的感受，以便尽早发现并区别对待，如

个别幼儿的自控能力相对差一些，那么教师应降低要求，给予更多的关注和鼓励，对于幼儿表现出的进步要及时给予表扬，从而促使其逐渐进步，自觉遵守常规。

（二）尊重幼儿年龄特点，以生活管理为主

《幼儿园教育指导纲要（试行）》指出，要根据幼儿的需要建立科学的生活常规，培养幼儿良好的饮食、睡眠、盥洗、排泄等生活习惯和生活自理能力。小班幼儿规范的生活常规和良好的生活习惯是他们进一步学习知识、掌握技能的基础和前提，小班阶段也是培养幼儿良好习惯和行为的关键时期，因此，在幼儿园班级管理工作中，必须从小班开始重视幼儿常规的培养，从幼儿生活的点点滴滴抓起。由于年龄较小，生理和心理发展处于起步阶段，处于这一阶段的幼儿生活自理能力相对较差，许多幼儿不会独立进餐，不会穿脱衣服，甚至上厕所也需要教师的指导和帮助，这就要求教师不仅要注重小班幼儿教育层面的管理，还要更加注重生活层面的管理，为幼儿提供合理的膳食、优质的睡眠环境以及安全卫生的活动材料，促进幼儿的身体健康发育，帮助幼儿养成良好的习惯。总之，在有规律的生活常规管理中，教师要引导幼儿养成健康的生活习惯，形成良好的生活态度，提高幼儿的生活自理能力，为以后的学习生活打下坚实的基础。

（三）根据幼儿思维特点，采用灵活的管理方式

根据皮亚杰认知发展阶段理论，3–6岁的幼儿处于前运算阶段，这一阶段的幼儿还无法进行抽象的思维运算，思维以具体形象为主，并且具有刻板性。尤其是小班的幼儿，对拟人化、直观化的事物特别感兴趣，那么，在小班班级管理过程中，教师应充分考虑到幼儿的这一特点，运用拟人化、游戏化的管理方式，让幼儿在轻松愉快的氛围中掌握各种动作和技能的核心要领，并给予幼儿动手操作的机会，充分调动幼儿的主动性和积极性，从而收到事半功倍的效果。如在小班“穿衣服”的活动中，教师可抓住幼儿的心理特点，运用生动的、拟人化的方式，鼓励幼儿帮自己的衣服“找朋友”“拉拉手”，让幼儿在愉快的游戏中学会穿衣服、整理衣服等技能，从而培养幼儿的成就感，增强幼儿的自信心，进而减少教师不必要的管理行为，帮助幼儿形成良好的常

规。与此同时，在日常教育活动中，应充分考虑到小班幼儿的生理和心理特点，通过灵活多样的渠道和途径实现对幼儿的行为习惯的培养，比如通过播放音乐、儿歌、童话故事以及开展游戏活动等形式引导小班幼儿自觉规范自身行为，帮助幼儿养成良好的行为习惯。教师还可以通过组织各种比赛活动，比如叠衣服、穿鞋子、系鞋带等活动，强化幼儿的生活技能。

小班幼儿正处于获得感知印象的阶段，自制力比较差，容易遗忘，经验比较匮乏。那么，这就要求教师根据幼儿的身心发展特点，灵活运用多种方式，对幼儿进行常规的教育与管理。一方面，教师可以把日常生活中的各种规则和要求绘制成形象有趣、色彩鲜艳的标识图贴在墙上，以提示小班幼儿做出相应的行为，促进良好行为的产生和发展。例如，为了帮助幼儿懂得"节约用水"，可在盥洗室贴上水滴的相关标识图，引导幼儿在看一看、做一做中自觉养成随时关紧水龙头的良好习惯。另一方面，在对幼儿进行常规教育时，可以把一些常规要求编成朗朗上口的儿歌教给他们，幼儿在学会儿歌的同时也记住了相应的规则和要求，从而能更好地指导自身的行为，培养良好的生活习惯。

(四)鼓励幼儿主动参与，培养自我管理意识

教师不仅是幼儿身体健康和生命安全的保护者，还是幼儿身心全面发展的促进者。小班幼儿虽然年龄小，但已经具备了独立处理和解决个别事情的能力，为此，逐步引导幼儿主动参与班级管理，培养幼儿的自我管理意识，有利于更好地开展班级管理工作。对于小班前期的幼儿来说，许多事情如，漱口、擦嘴巴、喝水、搬凳子、换鞋子等，都需要在教师的提醒和帮助下才能完成，这无形中加重了教师的工作负担和压力。那么，逐步培养小班幼儿的管理意识，引导幼儿进行自我管理，在各个环节中进行自我服务、自我约束，不仅可以帮助幼儿养成良好的自我管理习惯，为幼儿园后续管理工作的进行奠定坚实的基础，还在一定程度上减轻了教师的工作压力。所以说，在幼儿园活动中，教师要注重培养幼儿的自我管理能力，通过读儿歌、听故事的形式，将各种规则和要求贯穿其中，引导幼儿在反复唱诵的过程中理解规则，树立自我管理的意识，从而在具体的活动中实现自我约束和管理。

第二节
幼儿园中班的管理

幼儿园中班处于小班到大班的过渡期，是幼儿身心发展承上启下的阶段。随着幼儿神经系统的日益发展，幼儿进入中班预示着其进入了一个新的发展阶段。这就要求每一位教师认真分析、深入了解、全面把握中班幼儿的年龄特点、班级特征以及管理要点，从而促进优秀中班班集体的形成，为中班幼儿的身心发展创造和谐的班级环境和氛围。

一、中班幼儿的年龄特点

中班幼儿通常处于4-5岁这个年龄阶段，根据已有研究表明，4-5岁的幼儿活泼好动，乐于交往，富有独立精神。相对小班幼儿来说，中班幼儿的有意行为开始出现，对事物的理解能力逐渐增强，概括能力显著增强，能独立地表述事物，并且比较熟悉幼儿园的环境和活动形式。相对大班幼儿来说，中班幼儿各方面的能力尚未达到较高水平，有待进一步发展。由于中班幼儿具有自身独特的发展特点，只有把握和了解中班幼儿的特点，才能确定合理的管理目标，采用适宜的管理方式，使用恰当的管理策略，确保每个幼儿都积极参与到班级管理中来。

（一）好奇心强烈，活泼好动

好奇、好问、好动是儿童的天性。幼儿的年龄特点决定了幼儿具有强烈的好奇心和求知欲。中班幼儿对周围的一切充满着浓厚的兴趣，相对于学前晚期的幼儿而言，中、小班幼儿的好奇心更多地表现在对事物表面以及表面现象的兴趣上，向成人提出的问题，大多停留在"这是什么""那是什么"上。中班幼儿还具有活泼好动的特点，许多教师和家长通常也会发现，孩子上了中班之后，变得不那么安静了，在各种活动中喜欢不停地变换各种姿势，很少能安静地坐下来。中班幼儿之所以具有以上特点，主要是因为神经系统尚未发育成熟，心理活动不稳定，还不能自如地控制自身的行为，再加上幼儿的知识经验有限，认知水平较低，所以，中班幼儿乐于去探索、去尝试，从而在各种活动中通过自身的操作和探索来满足自己的好奇心和求知欲。

（二）情绪情感趋向稳定，易控制

由于认知能力的提高和情绪体验的积累，4-5岁幼儿的情绪情感得到进一步发展，相对于3岁幼儿趋于稳定，虽然他们的行为在一定程度上也容易受情绪的支配，但是所占比例呈现下降的趋势。他们开始尝试着控制自己的情绪，虽然总体上表现出不稳定、不易控制的情况，尤其对特别感兴趣或喜欢的事物无法占有时，受情绪所支配，甚至还会出现情绪失控的情况。但是，对于大多数幼儿来说，在通常情况下，都能有效地控制自己的情绪情感。比如说，在幼儿园游戏活动中，当看到自己喜爱的玩具被别的小朋友拿走时，已不像小班的幼儿吵着要玩，他们能听从教师的要求和建议，并用语言安慰自己："等他玩完之后，我再玩。"当与同伴发生争执或冲突时，有时也能控制自己的情绪和行为。

（三）动作发展更加完善，体力明显增强

随着幼儿生理的进一步发展和成熟，4-5岁的幼儿精力更加充沛，体力更加旺盛，肢体动作变得更为灵活，在各种活动中不但可以自如地跑、跳、蹦、爬等，还可以单足站立，抛、接球，骑小车等，手指动作相对也比较灵巧。与此同时，中班幼儿可以熟练地穿脱衣服、扣纽扣、拉拉链、系鞋带，甚至可以完成折纸、串珠、拼插、剪贴等精细动作，动作的协调性增强。4-5岁的幼儿在运动的速度、灵活性以及持久性等方面有了进一步发展。因此，中班幼儿的动作发展水平明显提高，体力也明显增强。

（四）规则意识逐渐萌芽

在幼儿园集体生活中，规则是保障幼儿园各种活动顺利进行的重要前

提。与小班幼儿相比，大部分中班幼儿能遵守班级制定的各种规则，比如排队洗手、排队上厕所、排队下楼梯等。换而言之，中班幼儿规则意识逐渐萌芽，虽然并不能真正地理解规则的内在含义，但是在活动中会按照成人的要求表现出符合规则要求的行为。除此之外，与其他幼儿相处时，表现得更明事理了，会主动说“谢谢”“不客气”“你好”等，当自己由于没遵守规则受到批评时，会主动说“对不起”“我下次不会这样了”等。

二、中班班级的特征及管理引导

（一）中班班级特征

1. 自我服务能力增强

幼儿自我服务能力，就是幼儿在一定的年龄阶段内照顾、管理自己的能力。[①]随着年龄的增长，幼儿的生理、心理等发育不断趋向成熟，肢体动作也得到了相应发展，自我服务的愿望和要求越来越强烈。在教师的指导和帮助下，中班幼儿逐渐学会独立进餐、穿脱衣服、系鞋带、整理自己的物品等，一些简单的自我服务的动作完全可以由自己来完成，不再需要成人的帮助与指导。除此之外，中班幼儿具有为他人、为集体服务的意识，乐意承担教师布置的任务，并努力去完成。随着幼儿年龄的增长，幼儿在活动中表现出更强的自主性，还能帮助有需要的同伴。幼儿生活自理能力的初步形成，有助于培养幼儿的责任感、自信心以及独立处理问题的能力，对幼儿今后的生活也会产生深远的意义和影响。但个别幼儿在意识上还会存在依赖家长和教师的情况，这就需要教师利用生活活动、教学活动以及游戏活动进一步练习、强化幼儿的生活自理能力，培养幼儿的独立性、自主性，养成自己的事情自己做的良好行为习惯。

2. 责任意识初步萌发

在幼儿园活动过程中，中班幼儿参与活动的目的性逐渐增强，责任意识和任务意识开始萌芽，逐步意识到自己的事情要自己做，并能帮助家长和教师做一些力所能及的事情，并从中获得成就感和自信心。比如当有的幼儿洗

① 祁晓芳. 2-3岁幼儿自我服务能力现状分析[J]. 幼儿教育，2001 (5).

完手忘记关水龙头时，有责任意识的幼儿不用教师的提醒，就会主动把水龙头关好。具有责任意识的幼儿，会把自己视为班级的小主人，班级活动中的各种事情，都愿积极参与其中。

3. 竞争意识变得强烈

中班幼儿的自我意识逐步形成，开始具有一定的独立判断的能力和强烈的表现欲望，在幼儿园各种活动中乐于表现自我、展示自我，希望得到成人的表扬和赞赏，同伴的认可和肯定。例如，在一次美术活动中，教师说："我请一位乖宝宝帮我用水桶打点水，好的，我请某某小朋友帮我去。"教师话音刚落，一个幼儿非常不满地说："老师，老师，我也想去，为什么每次都是他，不公平。"活动结束后，幼儿争先恐后地向老师展示自己的成果，希望得到教师的夸奖。中班幼儿随着自我意识的萌生，开始有胜负欲并不甘落后。这无论是对幼儿独立自主性的形成以及良好生活方式的养成都发挥着重要作用。教师可激发幼儿的竞争意识，调动幼儿的积极性，给予幼儿参与活动、承担任务的机会，让每一位幼儿体验到成就感。

4. 合作能力逐步形成

随着认知水平的发展和神经系统的成熟，中班幼儿的注意力、观察力、想象力、创造力以及语言表达能力等都得到明显提高，游戏活动形式更加丰富，在游戏活动中更愿意与他人进行合作，与他人交往的能力明显增强。小班的幼儿通常进行平行游戏，在游戏的过程中，不喜欢与其他同伴进行交流，合作行为较少。而中班幼儿不再满足自己单独进行的平行游戏，而是开始喜欢寻找同伴一起游戏，或者主动加入同伴的活动中去。游戏的过程往往会有简单的分工与合作，但因他们的社会行为规则还没有完全建立起来，容易发生冲突行为。总之，4-5 岁的幼儿喜欢和同伴一起活动，并且在活动中逐渐学会交往和合作，与同伴共同分享快乐，并获得领导同伴和服从同伴的经验，合作能力逐步提高。

（二）中班班级管理引导

随着中班幼儿生理水平的进一步成熟，尤其是神经系统的进一步发展，兴奋和抑制过程都发生较大改变，表现为：行为方式具有一定的持久性，动作变得灵活，而且富有条理性和连贯性。但是，由于中班幼儿知识经验不足，言语发展水平有限，心理活动具有不稳定性，因而在幼儿园活动中并不能有效地控制自己的行为，这就需要教师学习分析幼儿的特点，尊重幼儿的兴趣、需求，善于观察、分析幼儿，把握中班班级的特征，并采取科学有效的措施加以引导，打造健康积极的中班班集体。

1. 良好的教育环境

意大利著名教育家蒙台梭利认为，如同植物生长需要适宜的阳光、空气和水一样，幼儿的身心是在外界刺激下发展起来的，他们借助环境来构建自己的知识结构。所以说，幼儿园教育的重要价值在于向幼儿提供适宜的成长环境，因为良好教育环境的创设是幼儿潜能发展的前提条件。一方面，教师应为幼儿创设温馨、舒适的物质环境。活动室的布置不仅要考虑到干区、湿区的相对分离，还要考虑到动态空间和静态空间的合理分配，提供适合中班幼儿的活动材料，引发幼儿主动学习与深入探究，为幼儿的生活和学习提供一定的便利条件。中班幼儿已经具备了一定的动脑思考和动手操作能力，教师在创设环境时，应鼓励幼儿积极地参与进来，基于幼儿的视角来提供材料和布置材料，确保幼儿在与环境的互动中快乐成长。另一方面，教师应为幼儿创设宽松、自由的精神环境。轻松自由的精神环境，可以让幼儿全身心地投入活动中来。教师应真诚地对待每一位幼儿，尊重幼儿的需求，追随幼儿的兴趣点，充分考虑幼儿的爱好，为他们提供创造的空间和时间。教师还应以有趣的活动吸引他们的注意力，以减少他们之间的冲突，正确处理幼儿在活动过程中的各种矛盾和冲突，有效地化解活动中遇到的各种危机。

2. 科学、民主的管理方式

在幼儿园班级管理过程中，部分教师为了便于管理，往往高控制、高约束，这会让幼儿产生恐惧心理。近日来，屡次被媒体曝光的虐童事件，在一定程度上反映了教师管理班级的做法欠科学、欠妥当，对幼儿的身心发展造成了严重的负面影响。由于其身心发展的特殊性，强硬的手段在一定程度上严重损害了幼儿的身心健康和谐发展。在中班班级管理工作中，教师应采取科学、合理的管理方式，了解每个幼儿的身心发展状况，针对不同幼儿的不同特点，选择合适的方式因材施教，给予幼儿更多的关心、爱心和耐心，学会倾听幼儿，进行适时的启发、诱导，避免直接训斥、厉声批评甚至暴力殴打等不科学的做法。具体而言，教师应学会与幼儿协商、对话，广泛收集幼儿的意见，积极引导幼儿参与到班级管理中来，发挥幼儿的主动性和积极性，激发幼儿的参与意识，形成良好的行为方式，从而收到事半功倍的效果，实现管理方式的民主、科学和高效。

3. 提升幼儿的社交技能

中班幼儿不再满足于自己独自活动，开始主动地参与进同伴的活动中来。但是个别幼儿由于缺乏必要的社交技能，往往在交往过程中遭到拒绝和排斥，被迫游离于同伴活动之外。教师作为幼儿成长过程的引导者和促进者，通过丰富多彩的活动形式教给幼儿基本的社交技能显得尤为重要。教师应主动学习和提升有关幼儿社交技能教育的知识和技能，善于发现生活中适合对幼儿进行社交技能教育的各种途径，适时把握对幼儿进行社交技能教育的时机，加强对日常活动、游戏、体育锻炼等不同活动形式的合理运用，在幼儿相互互动的过程中了解本班幼儿社交技能的发展水平，适时地进行引导和点拨。除此之外，教师应主动与家长进行沟通和合作，根据幼儿的实际情况和需要有针对性地对他们进行各项技能的培养和训练，在训练中因势利导，使幼儿尽快提升社交技能，学会交往，学会生存。

三、中班的管理要点

中班幼儿处于小班到大班的过渡期，逐渐摆脱了小班幼儿具有的依赖性，但是尚不具备大班幼儿的独立和成熟，对于中班幼儿的管理，应注意以下几点：

（一）树立良好的榜样，发挥示范作用

榜样的力量是无穷的，尤其对于模仿意识强、易受暗示的中班幼儿来说，利用具体的正面形象或良好行为作为榜样，来引导幼儿遵守班级规则，规范自身行为以及激励幼儿表现出积极行为具有重要的作用。中班幼儿的模仿性是随着幼儿的年龄发展逐渐表现出来的。在幼儿园生活中，幼儿教师、同伴等往往会成为幼儿模仿的对象，他们会模仿对象的语言、动作、表情等。那

么，充分利用幼儿这一模仿性强的特点，可将其恰到好处地运用到幼儿园班级管理中来。可以做到以下几点：

1. 选择具体、典型、正面的形象作为榜样

榜样选择的恰当与否，直接影响到中班幼儿班级管理的效果。中班幼儿处于前运算阶段，他们的思维仍以具体形象为主，生活经验有限，只有具体、生动、直观的形象才能吸引幼儿的注意力，激发幼儿学习与模仿的兴趣。所以说，榜样的选择非常重要，教师在选择榜样时应选择具体、典型以及正面的形象，为幼儿提供行动的参照，从而让幼儿更好地表现出适宜的行为。幼儿生活中的同伴、父母、教师都可以成为幼儿学习与模仿的对象，文学作品中的人物、动画片中的主人公、影视作品中的形象也都可以成为幼儿学习的参照物。可以通过故事讲述、角色扮演、游戏活动的形式，让幼儿主动参与到具体的活动中来，对榜样人物进行深入理解、认同、内化，从而做出相应的榜样行为。

2. 及时对幼儿的榜样行为进行回应

每个幼儿都是独特的个体，都有自己的闪光点，在幼儿园班级管理的过程中，教师应善于捕捉幼儿身上的优点，并及时进行表扬。除此之外，教师需要善于发现，留心观察，对幼儿在活动过程中表现出来的积极行为或榜样行为进行及时强化，从而鼓励幼儿表现出更多的榜样行为。例如，每次在喝水时，总会有个别幼儿不能按要求将自己的水杯自觉地放到原来的位置，这就需要教师认真观察，寻找能主动按要求做的幼儿，当发现某个幼儿自觉地将别的幼儿用过的水杯放到原来的位置，应及时进行表扬，并鼓励该幼儿来督促其他幼儿把水杯自动放好，引导其他幼儿向其学习。

3. 教师应时刻注意自身言行

由于幼儿经验的缺乏、判断力的不足、模仿的天性、对教师的崇拜等，他们对教师的行为几乎全盘接收。对于幼儿来说，教师的一言一行、一举一动，都会成为幼儿效仿与学习的对象。因此，教师在班级管理的过程中需要注意自己的言行举止，自然、得体、大方，为幼儿树立良好的榜样，使幼儿在潜移默化中受到积极影响。教师要擅于用眼神、手势以及语言来表达自己的情感，批评和指责时的严厉，表扬、赞许时的和善等都会给幼儿积极的暗示，既让幼

儿容易接受，又不会对他们造成伤害。教师还可以用自己的实际行动直观地告诉幼儿是与否、对与错、美与丑、善与恶，真正做到言传身教。因此，幼儿教师在日常活动中，要注意自己的言行，从而对幼儿产生积极影响。

（二）引导幼儿积极参与，学会自我管理

《幼儿园教育指导纲要（试行）》中明确指出“建立良好的常规，避免不必要的管理行为，逐步引导幼儿学习自我管理”。幼儿不仅是幼儿园班级管理活动的重要对象，而且在班级管理活动中发挥着主体性作用。无论是生活自理能力还是集体生活适应能力，中班幼儿都比小班幼儿有了显著提高，因此，鼓励更多的幼儿参与到班级管理中来，让他们成为管理班级日常活动的小主人，让幼儿有相对自由的选择、判断、分析、裁决等的权利，从而更好地发挥幼儿的主体性。在这种情况下，一方面，幼儿在潜意识里会以管理者的眼光来严格要求自己，更加努力地控制和纠正自己不良的言行，主动地表现出符合规则和要求的行为。另一方面，幼儿会以管理者的身份参与到班级管理活动中来，以“小小管理员”的角色来督促其他幼儿，提醒有不良行为的幼儿注意并改正自身行为，协助教师做好班级其他活动，促进班集体健康的形成和发展。总而言之，在班级管理活动中，幼儿不仅是被管理者，还是管理者，这样更容易实现由他律向自律的转变，教师也能够更加轻松、有序地合理安排幼儿一日生活，从而提高幼儿活动的效率，促进幼儿全面发展。

（三）强化幼儿的责任意识，激发责任感

《3-6岁儿童学习与发展指南》中明确指出：“幼儿应具有基本的生活自理能力，能自己穿脱衣服、鞋袜，能整理自己的物品，做到自己的事情自己做，不依赖别人。”中班幼儿的责任意识开始初步形成，开始尝试着独立完成自己的事情。中班年龄阶段是培养幼儿责任心、激发幼儿责任感的关键时期，幼儿责任感的形成，有利于幼儿园班级管理活动的正常进行。教师在激发幼儿的责任意识的过程中发挥着重要作用，可通过故事、绘本以及动画影视启发幼儿的责任意识，让幼儿从小就拥有承担的勇气。作为教师应注重研究幼儿的心理特征，细心观察幼儿表现出来的各种行为，根据幼儿的需要把责任意识贯穿于幼儿园日常生活之中，幼儿有了较强的责任意识，不仅可以更好地处理自己遇到的事情，还可以维护班级规则。

第三节
幼儿园大班的管理

一、大班幼儿的年龄特点

随着年龄的增长，相对于中班、小班的幼儿来说，5-6岁的大班幼儿在生理、心理和社会性等方面呈现出一个新的水平和阶段。具体来说，大班幼儿的年龄特点主要有：

（一）强烈的好奇心和探索欲

强烈的好奇心和浓厚的求知欲、探索欲是幼儿的共同特点，由于生活经验不足、知识匮乏，他们对周围未知的一切充满浓厚的兴趣，乐于探索和发现，从而满足自己的探索欲望。相对于中小班的幼儿而言，大班幼儿不再局限于对事物表面现象的兴趣，他们喜欢探究事物的内在，喜欢问诸如“为什么小鱼要生活在水里”“为什么夏天热冬天冷”“为什么妈妈没有胡子，而爸爸有胡子”等问题。大班幼儿的好奇心和探索欲，主要表现在仔细观察、动手尝试、拆卸探究等各种活动中。比如有的幼儿会趴在地上看蚂蚁怎样搬东西，有的会把闹钟拆开，看看究竟是什么东西让闹钟每天走个不停，等。幼儿的好奇心还表现在好动，幼儿拆卸闹钟和玩具的行为并非故意搞破坏，而是在好奇心的驱使下出现的探究行为。因此，教师应尽量给幼儿提供一定的条件，提供丰富的半成品材料，允许幼儿自主操作，使幼儿的求知欲得到满足，而不能粗暴制止幼儿的探究行为。总之，幼儿的好奇心和求知欲是由其年龄特点决定的，不管教师还是家长都应采取积极鼓励的态度，禁止责怪、置之不理的做法，尊重和保护幼儿的好奇心和求知欲。

（二）自控能力显著增强

5-6岁的幼儿处于学前晚期，随着生理和心理的发展，其大脑额叶进一步发育，神经纤维髓鞘化接近完成，这意味着大班幼儿的神经系统的发育相对于中小班的幼儿更加成熟。年龄较小的幼儿，由于大脑皮质抑制机能没有完善，兴奋过程占主导地位，表现为爱动、活泼，所以自控能力较差。随着年龄的增加，幼儿的大脑皮质抑制机能逐渐成熟，兴奋过程和抑制过程相互平衡。[①]随之而来的是幼儿的自我控制能力明显增强，具备了一定的自我约束能力，不仅表现为幼儿对各种动作准确性的控制上——能按照要求做出各种各样的动作，而且还表现为幼儿对自身行为的控制上——在活动中遵守活动规则以及教师的要求。幼儿的自我控制能力随着年龄的增长而增长，同时，由于大班幼儿的社会经历不断丰富，社会经验也越来越丰富，对行为规则有了一定的认识，进而能控制自己的行为来获取成人和社会的肯定。

（三）自我服务能力明显提高

自我服务能力是作为一个人应该具备的最基本的生活能力。幼儿自我服务能力的形成，是幼儿素质教育的重要组成部分，教师应培养幼儿自信、独立的品质，体验分享、合作的积极情感，增强幼儿的自信心。随着幼儿生理、心理的发展以及两年幼儿园集体生活的训练，在教师的引导、帮助以及同伴的影响作用下，大班幼儿的生理自理能力有了明显的提高，进入了一个新的阶段，不仅已经具备完全为自我服务的能力，如独立穿脱衣服、鞋袜，收拾整理床铺，进餐等，还具备了服务于他人的能力，比如为其他幼儿分发餐具、纸巾，帮助需要帮助的幼儿系扣子、解鞋带等。所以说，大班幼儿的自我服务能力明显提高，不仅可以独立地服务自我，还可以服务于他人。

（四）自主性充分凸显

自主性是在一定的社会环境和教育模式下形成的相对稳定的个人特征，是一个人趋向成熟的重要表现。随着幼儿生理和心理的发展，大班幼儿的自

---

① 张艳，徐东．量化方法在幼儿园班级管理中的实践研究--基于大班幼儿的发展特点[J]．内蒙古师范大学学报(教育科学版)2016，29(3)．

我意识水平明显提高，语言表达能力、理解能力、逻辑思维能力以及分析能力等增强，逐渐有了自己的想法和主见，不再满足于简单地追随、服从成人的安排或控制，活动的自主性、主动性水平明显提高。换而言之，由于大班幼儿初步形成了相对稳定的心理特征，他们开始能够控制自己，做事不再“随波逐流”，显得比较有主见。除此之外，对他人、对自己、对事情都有了相对稳定的态度和行为方式。大班的幼儿不仅具有自己的特点和需求，还具有自主性、独立性，他们是发展着的、不断成长的、具有能动性的个体。因此，作为教师应该注重幼儿的个性发展特点，给予幼儿更多的空间，创造适当的条件，尊重幼儿的自主性，多角度地去评价每一位幼儿。

二、大班班级的特征及引导

（一）大班的班级特征

1. 集体意识萌发

幼儿园是幼儿离开家庭生活后所归属的第一个真正意义上的集体。因此，幼儿集体感的萌芽以及形成都发生在幼儿园，经过小班、中班两年的集体生活，到了大班阶段，幼儿形成较强的集体意识和集体感。集体感的产生，不仅是幼儿自我意识成熟的表现，还是幼儿社会化成果的表现，促进幼儿进一步摆脱“自我中心”的束缚。大班幼儿的集体感表现在，幼儿对自己所在的班集体有了清楚的认识，并意识到自己是班集体中的重要一员，关心班集体的荣誉，为集体的成功而自豪，尽力维护班集体的荣誉，并且为集体利益和荣誉约束、控制自身行为，为班集体贡献自己微薄的力量。

2. 责任感增强

责任感是人对自己的言行持认真负责和主动承担态度而产生的情绪体验。随着认知、情感、社会性等发展，大班的幼儿责任感开始形成，表现为认真完成教师布置的任务，遵守幼儿园以及班级的规章制度，规范自身的行为等。在幼儿园大班阶段，幼儿的责任感常常能产生满足和愉快的情感体验，这增强了幼儿的自信心以及成就感。在幼儿园班级活动中，具有较强责任感的幼儿不需要教师的提醒就会严格履行自己担负的职责。但是，大班幼儿的责任意识有时并不稳定，教师应帮助他们明确活动的目的、意义以及要求，运用鼓励、表扬等正面方式激发幼儿的责任感，及时肯定、认可幼儿的责任行为。

3. 规则意识形成

大班幼儿的规则意识已经形成，他们已经能很好地控制自己的行为，并且遵守班集体制定的规章制度，在游戏活动中也能按照游戏规则的要求遵守制定的班级规则。但是，根据皮亚杰的认知发展阶段理论，处于这一时期的幼儿对于规则的认识仅仅停留在比较肤浅的层面，尚未达到自律的水平，因此，规则对于他们来说是外在的，并没有内化到他们的意识中来，无法真正地认同规则并表现出自觉性的行为。大班幼儿之所以遵守规则，一方面是为了避免成人的惩罚，另一方面是为了获得教师的表扬和认可。虽然尚未内化内在的规则意识，但是大班幼儿的规则意识已经形成，能在活动中遵守各种规则，表现出积极行为。

4. 合作能力提高

随着幼儿记忆力、注意力、想象力等各方面能力不断提高，尤其大班幼儿注意力的广度逐渐深化，交往能力增强，他们不仅能注意到自己正在进行的活动，还能注意到同伴的活动，并可以通过适当的方式参与到同伴的活动中去，同时在活动过程中往往会有一定的分工合作与对话交流等。这在一定程度上表明大班幼儿合作意识逐渐增强，在相互交往的活动中，开始具备了一定的合作意识。他们不仅能选择自己喜欢的玩伴，还能与其他幼儿一起开展合作性游戏，并且逐渐明白公平的原则和需要服从集体约定的意见。这就要求教师为幼儿创造交流、对话和协作的机会，为幼儿提供进行合作活动的材料，在集体活动中进一步提高他们的合作能力和水平。

（二）大班班级管理的引导

由于大班幼儿处于学前晚期，他们身心发展状况与3–5岁的幼儿相比发生了明显变化，精力更加旺盛，体力更加充沛，爆发力更加强烈，对各种活动充满了兴趣和欲望，初步形成了自己的个性，表现出明显的个体差异。那么，作为教师在班级管理工作中，不仅应注重和适应大班幼儿的个性发展特点，还要满足他们的情感需求，多角度、全面地评价每一位幼儿，使大班幼儿在班级管理活动中得到充分的发展和提高。

1. 发挥幼儿集体感的作用

3–6岁的幼儿虽然已经开始了幼儿园集体生活，但是具有明显的“自我中心”特征，他们往往站在自己的角度看待问题，无法意识到自己是集体中的一员。但是在学前晚期，大班幼儿的自我中心意识逐渐降低，幼儿的集体意识开始萌发，并呈现出较快发展的趋势。大班幼儿的集体感已经形成，因此在幼儿园班级管理活动中，如何发挥幼儿集体感的作用，成了大班班集体管理的重点，这就要教师在幼儿园班级活动中引导幼儿学会正确处理个人与他人、个人与集体之间的关系，引导幼儿明白作为班集体的一员，在活动时不仅要考虑自己，也要考虑到他人，要符合班级规则的要求，遵守集体规则与班级纪律。具体来说，教师应提出符合大班幼儿特点的行为规范和规则要求，给予幼儿适当的限制，鼓励他们为了集体利益适当控制自己的行为。除此之外，教师应充分利用大班幼儿喜欢竞争的特点，开展多种形式的竞赛活动，让幼儿在组与组、班与班之间开展比赛，在活动中体验到团结合作、互帮互助的群体意识，增强幼儿的集体荣誉感和责任心。

2. 引导幼儿责任行为的养成

幼儿升入大班以后，随着个性的发展以及心理活动的发展，责任意识逐渐形成。幼儿的责任感萌芽于学前初期，在活动中表现的不是很明显，但是随着幼儿身心的不断发展，到了学前晚期，幼儿的责任感开始成为道德行为的支配动机。幼儿责任感的形成，不仅有助于控制、调节自身的行为，还可以监督同伴的行为。大班幼儿的责任感虽然已经形成，但还是很不稳定，因此教师有必要在活动中引导大班幼儿明确行动的目的、意义、要求以及规则，运用赞赏、肯定的形式激发幼儿的责任感，表扬幼儿的行为。除此之外，教师应学会尊重幼儿的选择和决定，支持幼儿进行自己感兴趣的、喜欢的活动，鼓励幼儿按照要求认真完成，从而培养幼儿的责任行为。通过与中小班教师合作，大班教师可开展“大带小”活动，为大班幼儿创造机会和条件，让他们有机会去照顾低年级的幼儿，培养幼儿的责任感和责任行为。

3. 教给幼儿合作的技能与方法

大班幼儿虽然已经形成初步的合作意识，但是缺乏必要的合作技能与方法，在幼儿园集体活动中经常会出现咬人、争夺玩具以及扔玩具等冲突行为，那么，教给幼儿必要的合作技能与方法，帮助他们学会处理合作过程中出现的各种矛盾与问题，明确各个成员在活动中的角色分工，不仅可以减少大班幼儿合作活动中的各种冲突行为，还可以实现大班幼儿合作水平的提高。大班幼儿的个性发展初具雏形，具有极大的可塑性，作为教师应正确地了解幼儿的心理发展特点，避免对幼儿进行直接训斥和责备，而应运用积极、鼓励的形式，让幼儿了解攻击行为的危害，减少攻击行为的发生。具体而言，首先，教师应引导幼儿进行对话、交流，讨论如何进行合作活动，如遇到问题应如何解决，解决的办法与策略有哪些等。其次，教师可以通过开展游戏活动的形式，为幼儿创造合作的机会与条件，在游戏活动中传授给幼儿简单的合作技能与技巧，发展幼儿的合作能力，提高幼儿的合作水平。最后，教师应加强一日生活中的合作训练，把握一日生活中的合作机会，强化幼儿的合作意识。

三、大班幼小衔接

大班的幼儿处于一个特殊的过渡时期，因为他们即将从以游戏为主的幼儿园生活进入以学习为主的小学生活，不仅面临着学习方式的转变，还面临着所处环境、交往对象、行为规范、期望水平以及知识和能力方面的挑战，这就要求教师不仅要帮助大班做好知识方面、能力方面、心理方面的准备，还要帮助幼儿形成良好的规则意识和行为习惯，从而做好班级管理层面的衔接工作，帮助幼儿适应小学的学习生活。由于大班的幼儿是即将从幼儿园升入小学的一个特殊群体，在班级管理过程中，如果想要确保管理工作进行顺利，这就对幼儿教师和小学教师同时提出了要求。对于小学教师而言，应全方位的了解每个幼儿的身心发展情况，根据幼儿身心发展状况以及不同特点确立班级管理的目标，制定班级管理的规划，建立一个健康向上的班集体。对于幼儿教师而言，应在班级管理内容、班级管理方式等方面主动向小学靠拢，帮助幼儿做好身体、心理、社会性等方面的准备。对于幼儿教师而言，需要做好以下方面：

(一)幼小衔接内容

1. 生活适应方面

大班的幼儿经过两年幼儿园生活的锻炼已经形成独立生活自理能力,但是由于生活环境、生活制度以及作息规律的改变,这就需要教师在大班阶段有意识地引导幼儿进行生活方面的调整,逐渐向小学的生活制度和生活方式靠拢,帮助大班幼儿为进入小学做好生活方面的准备。首先,教师应制定合理的生活制度,创设适宜的生活环境。由于进入小学后睡眠与游戏时间大大缩短,上课时间长作业多,学习内容过多,很多初入小学的幼儿难以适应,可在幼儿园一日生活环节中逐渐减少幼儿的午休时间、活动时间,逐渐延长上课时间,使幼儿慢慢适应变化,进而跟上小学生活的节奏。其次,教师应教会幼儿洒水、扫地、擦桌椅等基本的劳动技能,设置固定的时间,允许幼儿打扫活动室、擦桌椅,反复练习和强化幼儿简单的生活技能。最后,教师应帮助幼儿养成自己的事情自己做的习惯,培养独立性与生活自理的能力,让幼儿在各种活动中,独立地完成教师交代的任务,独立准备学习用品,学会收拾、整理自己的物品,保持物品、用具摆放整齐等。总之,教师应根据幼儿的身心特点和保教规律制定一日生活制度,让幼儿在有序健康、动静交替、自主有趣的生活活动中形成常规,获得健康全面的发展,从而做好进入小学的生活准备。

2. 学习适应方面

大班幼儿从幼儿园升入小学后,学习活动成为主要活动,而游戏活动大大减少。这就要求幼儿教师帮助大班幼儿养成良好的学习习惯,形成正确的学习方式以及较强的学习能力,从而为进入小学做好学习方面的准备。在学习习惯上,教师应有意识地帮助幼儿形成科学的学习态度和正确的学习习惯。在学习方式上,教师应有意识地调整自身的教学方式,不仅为幼儿提供充足的材料以及有益于探索的环境,允许幼儿在操作活动中通过观察、比较、实验等学习如何发现、分析以及解决问题,还应更多地运用讲授法、讨论法,实现幼儿学习方式的逐步转变。在学习能力上,小学必须掌握系统的知识和技能,儿童最主要的任务就是读、写、算,这要求幼儿具备具体运算的能力、理解符号的能力以及逻辑运算的能力,幼儿教师可在幼儿园活动过程中逐步培养幼儿这些方面的能力，进行相应的读、写、算训练。

3. 社会性适应方面

大班幼儿进入小学以后，正规的课堂学习活动成为主导活动，这对刚步入小学的幼儿提出了挑战，所以幼儿园教师有必要在大班阶段对其进行社会适应性教育，帮助幼儿更好地适应小学生活，教师可以把幼儿的社会适应性教育贯穿于幼儿园一日生活的各个环节，潜移默化地发展各方面的能力，从而帮助幼儿更好地做好入学准备。幼儿园教学活动的有序进行，必然离不开幼儿对于活动规则和秩序的遵守，在集体教学活动中，教师创造一定的条件，给予幼儿合作互动的机会，从而在活动中培养他们人际交往的能力，学会运用恰当的方式向教师表达自己的需要和想法。总之，幼儿在“一日生活”的各个环节，如进餐、如厕以及盥洗等，都可以获得大量的交往机会，感受交往乐趣，获得交往的方法和能力，这不仅可以培养幼儿的自我意识和归属感，还可使幼儿更好地适应小学的班级管理。

综上所述，幼儿不仅需要认知能力、语言能力以及智力的发展等方面的准备，还需要具有适应社会的行为方式以及成为社会人所必需的基本素质和主要能力。准备不应是片面的、局部的，而应是全面的、系统的，既要为幼儿做好“为学的准备”，更要为幼儿做好“为人的准备”[①]。

（二）幼小衔接引导

1. 养成良好的学习习惯

良好的行为习惯，是高效学习、健康生活、全面发展的重要前提条件。对于即将升入小学的幼儿来说，良好的行为习惯的培养，不仅影响着其能否顺利适应小学的学习与生活，还决定着后续学习与生活的效果和质量。学前期的幼儿尚未进入系统化的学习阶段，但是学习活动隐含在游戏活动、生活活动、教学活动以及一日生活的过渡环节中，幼儿在各种活动中的学习态度、情绪状态、注意力的持久性、解决问题的创造性以及克服困难的坚持性等因素组成了其学习活动时的基本方式，构成了幼儿学习习惯的基本要素。在大班阶段，为帮助幼儿形成良好的学习习惯，教师应注重培养幼儿的学习兴趣，激

① 史瑾，叶平枝．幼儿园教育环境质量与幼儿入学准备的关系[J]．学前教育研究，2016(8).

发幼儿的学习热情，培养学习专注性和持久性等，交给幼儿正确的阅读、书写、握笔以及坐立的姿势，指导幼儿按照要求去翻阅图书，爱护图书和文具，不撕坏、涂抹图书和拆卸玩具等，养成认真、良好学习习惯，为幼儿进入系统化的学习打下坚实基础。

2. 教学方法和教学形式的无缝对接

《幼儿园工作规程》明确指出，幼儿园以游戏为基本活动，这在一定程度上说明，由于幼儿认知、思维发展水平有限，幼儿园各种活动的进行必须考虑幼儿的年龄特点和身心发展规律，尊重幼儿的兴趣，满足幼儿的需要。因此，幼儿园各种活动的进行，往往采用游戏的形式进行，引导幼儿在丰富多彩的游戏活动中获得知识和能力，激发其创造性，培养其思维能力。相对于幼儿园而言，小学一、二年级主要采用讲授法、讨论法、谈话法等教学方法，这在一定程度上不仅减少了幼儿的动手操作机会，还增加了刚刚步入小学幼儿的学习压力。因此，以游戏、儿歌等方式向说理方式的骤然转变，导致许多幼儿一时无法适应，在身体、心理等方面产生了一系列的变化，甚至产生了严重的厌学情绪。那么，教师在日常教学活动中应适量增加转变的“坡度”，避免教学方法和教学形式上的“骤变”现象，适当减少游戏和户外活动，适量增加手工、阅读图书等活动，多采用口头教学方式，强调系统文化知识和读、写、算等基本技能的训练，促使大班幼儿的思维由直观动作思维向抽象思维过渡，从而提前适应小学的教学方法和教学形式。总之，幼儿教师应有意识地逐渐减少以游戏为主的活动方式，并适时合理地采用小学的教学方法和形式，让幼儿逐渐适应小学的教学形式，从而为进入小学做好相关准备。

3. 培养幼儿对小学生活的浓厚兴趣

培养幼儿对小学的浓厚兴趣，激发幼儿进入小学的强烈愿望，是促使大班幼儿顺利进入小学，自觉完成学习任务的重要条件。对于大班幼儿来说，小学环境是陌生的，陌生的学习环境、陌生的老师、陌生的同学，容易使大班幼儿产生紧张、焦虑、不安的情绪，对小学生活产生严重的恐惧心理。因此，培养幼儿对小学生活的兴趣和向往，激发幼儿进入小学的愿望，有助于帮助他们克服对小学生活的紧张感、陌生感和焦虑感，为他们顺利进入小学、适应小学生活做准备。首先，教师应组织本班幼儿经常到附近小学进行参观，参观小学的教室、图书馆等，让大班幼儿熟悉小学的环境布置，了解小学的各种规章制度和生活制度，增加幼儿对小学的熟悉度，减少陌生感。其次，幼儿教师可以邀请刚刚进入一年级的幼儿回到幼儿园给大班幼儿讲解小学的具体情况，帮助他们进一步深入了解小学，了解小学生的学习方式和生活方式，增强对小学的认识。最后，打通幼儿园和小学交流合作渠道，举办各种作品展、交流会等，为幼儿园幼儿和小学生进行交流、对话创造合适的机会和条件，从而实现幼小衔接的顺利进行。

四、大班的管理要点

幼儿园大班的幼儿不仅具有较强自我控制能力，还具有明辨是非以及监控他人的能力，基于大班幼儿的特点，班级管理应切实调动其参与班级管理的主观能动性，让每一位幼儿参与到班级管理工作中来，做好班级管理工作。幼儿是班级工作的主体，班级管理工作的最终要义在于促进幼儿的健康成长与和谐发展。因此，幼儿园班级管理工作，并不是为了一味限制幼儿、压抑幼儿，而在于给他们更大的空间和自主，掌握必要的规则，更好地去适应社会。

(一)通过民主协商，鼓励幼儿参与班级规则的制定

班级管理不仅仅是一项技术，还是一门艺术。在幼儿园班级管理中工作中，教师在管理班级的过程中应充分彰显艺术性和人性化。幼儿园班级管理的对象是幼儿，幼儿理应成为班级管理活动的主体，也就是说，无论是规则的制定，还是规则的执行以及维护，都需要发挥幼儿的主体性作用，从根本上确保班级管理的科学与高效。然而在大数情况下，幼儿园班级管理规则一般都是由园长和带班教师商议制定的，也就是说，教师及相关管理人员不仅是班级管理工作的制定者，这还是班级管理工作的执行者、维护者、监督者，而作为班级活动主体的幼儿往往只能被动地接受管理和安排，无条件地接受条条框框的束缚与绑架，没有机会和权利参与班级规则的制定，只能被迫服从规则的要求。在这种情况下，幼儿不理解为什么要遵守各种规则的约束，就会产生严重的逆反心理，甚至有意去挑战权威，严重阻碍幼儿园班级管理工作

的顺利进行。

科学合理的班级规则的制定，应从幼儿的角度出发，切实考虑到幼儿的实际需求，尊重他们的意见和想法。因此，幼儿园班级规则的制定，教师应与幼儿进行协商、对话，从而制定出相对合理的规则，促进班级管理的科学化和有效化。具体而言，一方面，在制定规则之前，教师应让幼儿理解制定规则的原因、内容以及重要性，从而得到他们的认同和支持，让外在的意识内化为自己的行动，学会自控、自律，表现出符合规则要求的行为。另一方面，在制定班级规则时，教师应彻底打破以往由教师全部包办或垄断的管理模式，通过组织全体幼儿讨论的形式，鼓励幼儿大胆地说出自己的意见和建议，并用图表的形式展示到班级的区角。除此之外，教师还可以采用其他方式以征集幼儿的建议，比如说举手表决、找幼儿谈心等，调动全体幼儿积极参与到班级规则意见征集的活动中去，从而使班级规则的制定更加符合所有幼儿的个性成长特征以及发展需求。

（二）强化集体意识，引导幼儿主动参与班级管理

当幼儿进入大班以后，随着年龄的增长，生理和心理逐渐趋于成熟，自主性增强，集体意识和责任感形成，并且具备了自我控制、自主管理以及监督他人的能力。大班幼儿在潜意识中不仅乐于自己制订班级活动的规则，还乐于遵守集体共同约定的规则，并愿意为集体利益约束和控制自己的行为。在幼儿园班级管理的过程中，教师应充分调动幼儿的主动性和积极性，发挥幼儿的主体性作用，让每一个幼儿都积极主动地参与到班级管理中，共同维护班级的规则和制度，从而形成秩序良好、积极向上的班集体，这样不仅有利于培养幼儿的能力，还有助于形成良好的行为习惯。比如说，在班级内设立“小小监督员”一职，让每个幼儿都有机会去承担这一角色，强化幼儿的集体意识，形成人人参与的氛围，从而更好地维持班级秩序。大班幼儿主动参与班级管理，提高自主管理能力，需要幼儿教师逐步引导，更需要幼儿教师具有高度的责任心和敏锐的观察力、分析力，帮助幼儿及时解决在自主管理过程中出现的各种问题，提高大班幼儿主动进行自主管理的有效性。

（三）在活动中引导幼儿习得必要的社会交往知识和技能

《幼儿园教育指导纲要》指出："引导幼儿参加各种集体活动，体验与教师、同伴等共同生活的乐趣，帮助他们正确认识自己和他人，养成对他人、社会亲近、合作的态度，学习初步的人际交往技能。"大班幼儿乐于与人交往，喜欢和同伴一起活动，在活动中能够进行明确的分工，合作水平相对较高，关系较为融洽。然而，有的幼儿缺乏科学合理的与他人进行交往的技能技巧，导致其在参与集体活动中的过程中被"边缘化"。那么，在幼儿园班级管理工作中，教师应通过角色扮演、游戏活动等行之有效的方法来培养幼儿良好的交往技能。如在角色游戏区，通过娃娃家、小超市、小医院等活动，为幼儿提供交往和合作的机会，增加幼儿互动的频率，使幼儿在与他人相互作用的过程中逐步提高自己的交往能力，做出谦让、助人、分享等行为。除此之外，教师还可以利用幼儿之间发生冲突或争执的机会，启发幼儿提出许多不同的解决问题的方法，并鼓励他们去应用和实践。如幼儿出现争抢玩具的行为时，教师可以启发他怎样解决这个问题，针对这个问题，双方共同商讨，制定合理的规则，然后公正地执行。教师还可以引导幼儿对可能发生的冲突进行讨论，鼓励他们自己想办法，提出解决问题的不同方法，从而有效解决矛盾和冲突。总而言之，幼儿园班级是一个小型社会，这就要求教师要运用自己的智慧去精心管理，确保每一位幼儿在班级中健康快乐。

幼儿园班级管理不仅是一门科学，也是一门艺术，更是一项琐碎而又漫长的工作。幼儿园班级管理的得当与否，不仅直接关系到整个幼儿园以及各个班级的整体风貌，而且关系到幼儿身心健康和谐发展，关系到丰富多彩的活动能否顺利开展及活动的质量。班级管理是幼儿园管理工作的重中之重，对幼儿园的长足发展有着至关重要的意义。这就要求幼儿教师以《幼儿园教育指导纲要（试行）》和《3-6岁儿童学习与发展指南》为依据，根据各年龄阶段幼儿的不同特点制定出符合本班幼儿发展水平的班级管理计划，在实践中不断总结经验，注意方式的灵活性与多样性，调动幼儿主动参与的积极性，引导幼儿在参与班级管理的过程中形成良好的习惯和行为方式，逐渐由他律变为自律，自觉地遵守班级常规。除此之外，教师之间应经常沟通与交流，同时与家长密切配合，步调一致，不断探索幼儿园班级管理的新思路，不断优化幼儿园教育，提升幼儿园班级管理品质，为幼儿创设欢快愉悦的学习和生活环境，促使幼儿身心得到健康和谐发展，实现幼儿园教育目标。

思考与练习

1. 小班幼儿具有怎样的年龄特点？
2. 如何根据小班幼儿的年龄特征，做好班级管理工作？
3. 中班幼儿的班级具有什么样的特征？
4. 如何做好大班幼小衔接工作？

第 5 章

幼儿园班级家长工作管理

苏霍姆林斯基曾说过:“没有家庭教育的学校教育,和没有学校教育的家庭教育,都不可能完成培养人这一极其细微而复杂的任务。”学前儿童的发展受到幼儿园与家庭两大因素的影响。教师通过班级家长工作使幼儿园教育与家庭教育相互配合、优势互补,班级家长工作作为连接两大教育方式的桥梁与枢纽,尤为重要。如何保障班级家长工作顺利开展?幼儿园班级家长工作的原则和内容有哪些?幼儿园班级工作实施的方式与方法是什么呢?带着这些问题,我们进入到本章的学习。

【学习目标】

1. 认识到家园合作的重要性，了解幼儿园班级家长工作的意义，理解并掌握幼儿园班级家长工作的原则、内容。

2. 能通过各种方式，灵活运用各种方法，顺利开展家长工作，并能做出相应的管理指导。

3. 能积极主动、认真地开展家长工作。

【学习重难点】

掌握幼儿园班级家长工作的方式及其方法，能科学有序地开展班级家长工作。

【知识结构图】

- **幼儿园班级家长工作管理**
  - 幼儿园班级家长工作的意义
    - 有利于幼儿身心健康发展
    - 有利于班级工作顺利展开
    - 有利于提升教师沟通能力
    - 有利于提高家庭教育质量
    - 有利于帮助幼儿园树立良好口碑
  - 幼儿园班级家长工作的原则和内容
    - 幼儿园班级家长工作的原则
    - 幼儿园班级家长工作的内容
  - 幼儿园班级家长工作的形式、方法与管理指导
    - 幼儿园班级家长工作的形式
    - 幼儿园班级家长工作的方法
    - 幼儿园班级家长工作的管理指导

第一节
幼儿园班级家长工作的意义

班级家长工作是幼儿园班级管理的重要组成部分，是教师充分利用自身优势，以促进幼儿身心健康发展为目的，通过开展一系列面向家长的活动，有目的、有计划的与家长共同实施保教活动的过程。教师通过发起与组织家长工作，开发家长资源，引导家长参与、配合、支持幼儿园班级工作，形成教育合力，促进幼儿更好的发展，提高幼儿园保教质量，提升教师的专业素养。同时，也能密切亲子关系，改进家长的教育方式。总之，做好家长工作，不管是对幼儿、幼儿园还是家庭都有着重要的意义。

一、有利于幼儿身心健康发展

家庭是幼儿的第一所学校，父母是幼儿的第一任老师，家庭教育具有持久性、深远性，对幼儿的发展有着不可替代的作用，而幼儿园作为专门培养人的组织机构，有受过专门训练的教师，了解幼儿的身心发展规律，熟悉不同年龄阶段幼儿的特征，掌握科学的教育观念与方法，对幼儿的发展亦不可或缺。作为两种不同教育组织形式，个别教育与集体教育承担着各自的任务，有着不同的优势特征。家庭教育是一对一的形式，能提供给幼儿更多的温暖和爱，满足幼儿生理与心理的需要，让幼儿获得足够的自尊、自信和信任感、安全感，有利于幼儿良好的性格和行为习惯养成。幼儿园作为一个雏形的社会，能给幼儿提供更多物质、精神资源，在师幼互动、同伴交往、与环境对话的过程中，幼儿逐步克服自我中心，获得同理心，提高认知能力，不断探索外部世界，获得身心的发展。两股重要的教育力量需要相互配合、协同合作、优势互补,才能达到最佳的教育效果,任何一方的偏废都可能抵消掉另一方面的教育效果。家长工作是连接幼儿园教育与家庭教育的重要枢纽,教师通过家长工作,争取与家长在教育观念、原则、行为达成共识,对幼儿提出统一的要求,以形成教育合力,共同解决幼儿发展过程中的敏感问题与难题,让集体教育与个别教育两种形式相融交织,更好地发挥各自的教育效果,更有效地促进幼儿的身心健康发展。

二、有利于班级工作顺利展开

家长的支持、理解、配合是幼儿园班级工作顺利开展的重要保障。一个幼儿园班级约2-4名教师,几位教师需要负责班级日常生活、教学、管理工作,不管是人力、物力还是财力都极为有限,如果单靠教师的力量,很多班级活动的开展将举步维艰。而家长们拥有丰富的资源,具有不同的社会阅历与行业经验,这是班级教师所欠缺的。教师可以邀请家长参与班级活动,在开展班级各类活动争取家长的帮助,充分利用家长的资源以发挥自身不同的资源优势为幼儿园教育提供力量,如在开展健康卫生活动时邀请医生家长给幼儿介绍基本卫生常识,在班级运动会上请运动员家长给幼儿示范讲解,请警察家长教给幼儿自我保护的有关知识等。父母参与幼儿园班级活动,能够很好地调动幼儿与家长的积极性,幼儿也更乐于接受教育。通过做好家长工作,利用家长的资源,获得家长的配合、支持与理解,教师能丰富幼儿园教育的活动方式,改变幼儿园教育模式,深化幼儿园教育改革,进而保证幼儿园班级工作顺利进行。

三、有利于提升教师沟通能力

《幼儿园教师专业标准(试行)》中提到教师要“与家长进行有效沟通合作,共同促进幼儿发展”,其中“沟通与合作能力”是幼儿教师重要的专业能力之一。能否有效地跟家长沟通交流,能否处理好与家长之间的关系,能否做好班级家长工作,能否服务好家长,一直以来都是考查一名幼儿教师是否符合幼儿教师专业标准的重要指标。很多新老师在工作头一年,面对家长总是战战兢兢，家长工作更是无从下手，甚至容易与家长产生隔阂与冲突，导致家园合作不能深入开展，进而影响到教师自身的职业认同与职业发展。这主要是由于教师欠缺沟通与合作能力，在系统的师范学习中，师范生掌握了扎实的专业知识与教师教育技能，但与人交往沟通的能力需要在工作实践中不断探索与练习。通过开展家长工作，教师在与社会阅历、经验都远比自己丰富的家长不断互动、交流的过程中，在应对不同职业、不同年龄、不同性格的家长的过程中，在不断整合多方的教育资源下，逐步发展了自身的人际交往能力、语言表达能力、组织沟通的能力。另外，通过家长工作，教师能获得更多自身教育教学的反馈信息，通过反思，不断修正和完善自己的教学实践，深化了专业知识，获得了专业能力的提升。

四、有利于提高家庭教育质量

家庭教育具有深远性、终身性，但同时具有随意性、无计划性。家长大多并非教育工作者，往往缺乏专业的教育知识，科学的教育理念和正确的教育方法。而幼儿园作为专门培养幼儿的教育机构，对幼儿的发展有着引领的作用。《幼儿园工作规程》中明确规定："幼儿园应当主动与幼儿家庭沟通合作，为家长提供科学育儿宣传指导，帮助家长创设良好的家庭教育环境，共同担负幼儿教育的任务"。幼儿园作为专门的学前教育机构，通过搭建互动交流和经验分享的平台，吸引具有专业知识与能力的教师或专家介入，通过多元的方式引领家长树立科学有效的教育观念，引导家长学习科学的幼儿发展规律，掌握有效的教育策略与方法，针对性地给家长解决育儿难题，进而提高家长的育儿能力，提高家庭教育质量。

五、有利于帮助幼儿园树立良好口碑

一所幼儿园的发展离不开社会各界的支持与认同，家长是把幼儿园的形象向社会展示的窗口，同时也是联系幼儿园与社会的重要中介和纽带。家长对幼儿园的认同度、信任感会直接影响到幼儿园自身形象与口碑。因此，通过积极开展家长工作，宣传幼儿园的教育理念与发展规划，为家庭提供满意的服务，获得家长对幼儿园的信任与支持，从而获得更好的社会声望与更多的社会资源，能帮助幼儿园走向社会，扩大教育与服务。同时，幼儿园有效的家长工作过程，本身就是向社会公众传递幼儿园文化、幼儿园理念的过程，这能帮助幼儿园构建积极公众的形象，建立优质的口碑，打造幼儿园品牌。

第二节
幼儿园班级家长工作的原则和内容

原则指人们说话或行事所依据的法则或标准，是人们依据客观规律，在分析问题、解决问题、价值判断、行为抉择时所遵守的基本要求。幼儿园班级家长工作的原则指教师在家长工作过程中应当遵循的基本要求与准则，理解幼儿园班级家长工作的原则是顺利开展家长工作的理论性前提。

一、幼儿园班级家长工作的原则

（一）目的一致性原则

目的一致性原则指家长和教师在互动合作的过程中，需抱着一致的教育信念，目标要协调统一，教育要行动一致，向幼儿提出相同的要求。无论是在教育目的、过程还是手段上，尽可能避免发生分歧，如培养的幼儿自主能力，教师通常会要求幼儿自己穿衣、叠被子，自己使用筷子吃饭，学会做自己力所能及的事。可回到家中，家长代替幼儿做他能做的事，剥夺幼儿独立自主的权利，也抹杀了教师的教育期望，这样对幼儿行为的养成是极为不利的。另外，有调查研究表明，家长和教师的关注点存在较大的差异，家长往往更加关注幼儿在园的人际交往与学习情况，而教师则更加关注幼儿行为习惯的养成。由于关注点的差异，教师与家长之间容易产生误解，影响家园合作的效果。因此在家园合作的过程中，教师要努力与家长保持目的一致、步调统一、协同合作，幼儿才能获得良性的发展。

(二)平等性原则

平等性原则是指家长和教师作为家园共育的合作主体,共同承担着教育幼儿的责任和义务,同时拥有平等的地位和权利。家长工作的平等性原则主要体现在两个方面,一是教师与家长是平等的。他们处在相同的位置,教师应当尊重家长,跟家长平等交流。但事实上教师与家长却长期处在非对等性的地位,存在着教师"训导家长"和"讨好家长"两种不同的倾向。有教师希望并要求家长无条件地配合幼儿园班级的各项工作,较少或基本不考虑家长的想法和需要,家长常常处于被支配者的地位,教师成为手握教育特权的施令者。而有的教师为了避免不必要的麻烦,会刻意地迎合、讨好家长,教师成了看护者、照料者甚至保姆,家长则成了领导、上司。在《幼儿园教育指导纲要(试行)》中明确提到:"家庭是幼儿园重要的合作伙伴。应本着尊重、平等、合作的原则,争取家长的理解、支持和主动参与,并积极支持、帮助家长提高教育能力。"教师与家长是合作的关系,他们互为伙伴。教师不能站在制高点去评判家长的行为,不宜用师者的口吻去教导或训斥家长,同时也不能一味地去迎合家长,而应积极主动地与家长进行沟通,向家长传输信息,同时注重信息的反馈,鼓励家长向教师表达自己的疑虑与意见,让家长知道教师和家长一样都关心幼儿的发展,都是幼儿身心发展的促进者。当与家长出现误会时,要以平和的语气与家长解决误会。二是家长之间是平等的。在家长工作中教师应当公平地对待每一位家长,赋予每个家长平等的话语权、参与权与管理权,不因其社会地位、经济水平高而使其享有更多的特权。总之,家长工作的利益中心是幼儿,任何的沟通、交流、合作都应建立在平等的基础上。

(三)因人而异原则

因人而异原则指教师在进行家长工作的过程中,应根据不同家庭的特点,如家庭成员构成、教养方式、生活习惯、教育背景都等,有针对性地采取不同的沟通方式与互动手段。每个家庭背景有差异,对幼儿教育重视程度不同,在育儿过程中面临的问题也不同,教师要具体情况具体分析,做到因人而异。面对年轻家长,老师应提供更多的育儿指导与帮助;面对经验丰富且颇有育儿经验的家长,老师可积极与他交换意见,邀请他为其他家长进行经验分享;面对祖辈家长,老师应当更有耐心,对他们的教育理念表示理解与尊重；面对享有优势资源的家长，教师可以充分开发利用其自身资源。值得一提的是，因人而异并不代表趋炎附势，不因家长拥有良好的经济水平和社会地位而另眼相看或区别对待。反之，因人而异的原则同样是建立在平等性原则之上的。

（四）理解性原则

理解性原则指在家长工作的过程中，教师对家长应做到最大的理解和包容，用最大的耐心去引导家长树立科学的育儿观念，帮助他们掌握有效的教育方法和策略。教师与家长的沟通是双向的、平等的，但教师作为互动沟通的主动发起者，理应自觉承担更多的责任。很多家长特别是祖辈抚养者或文化水平较低者，常常缺乏必要的教育常识，教育观念也存在着严重的偏差，对自己的观念和行为深信不疑；有的家长对幼儿园期望过高，要求甚多，不能容忍教师工作出现任何的偏差，有时会"百般刁难"教师。面对此类"胡搅蛮缠""爱挑剔"的家长，教师不能敷衍了事，更不能置之不理，而应尽量满足家长的要求，尊重家长的意见，虚心听取家长的建议，乐意与家长交谈，主动向家长介绍幼儿在园的表现，对不放心幼儿的父母，教师应帮助其调整好的心态，请家长来园观看幼儿的半日活动，及时与家长进行交流。总之，教师应以最大包容接纳对待家长，对家长参与教育活动给予肯定，本着"一切为了孩子，为了孩子的一切"的信念，以一颗细致的心来应对家长的挑剔，以宽厚的胸怀来接受家长不同的意见，以积极的态度来对待家长的埋怨，以专业的教育行为来取得家长的信赖。

（五）参与性原则

参与性原则指幼儿园家长工作是幼儿园与家庭双向互动的过程，不是教师单向的给家长输送教育影响，家长也要参与到幼儿园教学、管理。正如在瑞吉欧学校里，家长不是传统意义上的"消费者"或"顾客"，而是"合作伙伴"，幼儿教育是家长、教师、社区等多个主体共同参与，形成有效的对话、协商的过程。但在实际家长工作中，存在着家长认识不充分，参与度不高或被动参与的情况，教师单向传授经验，要求"家庭无条件的配合幼儿园"等问题，极大地影响了家长工作质量。因此，教师应该认识到家长工作并不只是教师单方面的工作，也需要家长真真切切地参与到幼儿园的活动中，而不只是作为一个“旁观者”。教师与家长的沟通也并非“单向式”，而是“双向互动的”。教师以真诚、信任的态度吸引家长加入到家园共育中来，为家长提供信息交流的平台，积极探索组织各类活动，组建家委会，充分调动家长的积极性，让家长真正融入幼儿教育，参与幼儿的成长，帮助家长树立权利与义务并重的意识，实现由“局外人”到“局内人”的转变，以合作伙伴的姿态与教师、幼儿园一起，共同为幼儿的成长助力。

（六）持续性原则

持续性原则指幼儿园班级家长工作不是一朝一夕，也不是阶段性的，而是贯穿于幼儿在幼儿园成长的始终，从走进幼儿园到离开幼儿园再到进入小学教育，教师都应当持续地做好家长工作，对幼儿保持持续的关注，与家长密切互动，而不是带着功利性，更不能把它作为一项工作去应付。[①]家长工作是琐碎的、细致的，需要花费足够的时间与精力，这使很多教师常常虎头蛇尾、流于形式的工作，很多家长的积极性与参与度也随之下降。如何保障家长工作的持续开展呢？第一，制定系统、科学、具体而周密的工作计划。凡事预则立，不预则废，计划给家长工作指明了方向。第二，建立针对家长、教师的考核激励制度。通过制度，家长与教师互相监督，防止懈怠。后文会具体谈到相关制度。第三，及时根据反馈调整工作的进程。按部就班、一成不变的执行预先的计划，也会使工作效率低下，家长成就感降低，出现逃避、拖延、推诿等现象。教师在家长工作中也要自我反思，根据幼儿、家长的反馈灵活调整工作形式。

（七）多样性原则

多样性原则指家长工作内容应全面具体，形式丰富多样，涉及幼儿发展的方方面面。如可以通过举办家长学校和为家长设咨询服务点，向家长传授教育幼儿的知识与方法，或定期召开家长会议，向家长反映幼儿在园的情况，设立专门的家长参观日，便于家长了解幼儿园的各项活动。下文会具体谈到家长工作丰富多样的内容与方式。

---

① 谷瑞勉.幼儿园班级管理：反思性教师的思考与行动[M].北京：北京师范大学，2016.

二、幼儿园班级家长工作的内容

(一)交流幼儿身心发展状况

幼儿是家长工作的核心,相互交流沟通幼儿身心发展情况是家长工作的首要内容。有研究表明不同年龄班级,家长和教师关注的内容有差异,小班家园沟通的内容主要是健康状况、饮食睡眠,中班开始较多地关注幼儿的学习能力、人际交往能力,大班的家长表现出对幼儿能力培养和知识学习的极大关注,沟通的内容以行为习惯的培养和知识学习为主。幼儿身心发展状况是家长沟通最主要的内容,主要涉及以下几个方面:

1. 健康状况。幼儿入园前以及每学期初,幼儿园都会对幼儿进行例行体检,体检项目包括幼儿的身高、体重、视力等,教师要把体检结果及时地反馈给家长。另外在一日生活中,幼儿上午来园时教师要跟家长交流幼儿在家的健康状况。下午离园时,教师要告知家长幼儿一日的身体健康状况。

2. 饮食睡眠。饮食和睡眠问题是家长非常关心的问题,这对于幼儿的身心发展有着非常重要的意义。在家长会或是家长委员会上,教师会跟家长讨论幼儿一日三餐的菜品,教师也要了解不同幼儿特殊的饮食要求,例如有的幼儿对姜过敏,有的幼儿对羊肉过敏,有的幼儿咀嚼能力很差等。有的教师还会将幼儿一日餐点计划表贴到家园联系栏。教师会观察在饮食习惯上有问题的幼儿并及时取得与其家长的沟通来共同商讨解决的办法。

3. 人际状况。幼儿是否受欢迎,是否讨老师喜欢,是否与同伴起冲突,是否受欺负,喜欢跟谁玩,这些问题是家长除了幼儿的健康状态、饮食睡眠外最为关心的问题,因为幼儿在幼儿园的人际状况直接反映了幼儿的社会性发展水平。

4. 行为习惯。幼儿良好行为习惯的养成,不良行为的矫治,是教师关注的重点。哪些幼儿自制力差,哪些不爱遵守规则,哪些有攻击行为,哪些自主能力强,教师很容易辨识,并参照其他幼儿,做出横向对比,这也是家庭教育所缺乏的。因此教师在日常与家长沟通的过程中,会把幼儿的行为习惯特别是不良行为反馈给家长,与家长协同合作,使幼儿养成良好的行为习惯。

(二)为家长提供“亲职教育”

“亲职教育”也叫“家长教育”,指幼儿教师为家长提供专业的支持与服务，引导家长树立科学的教育理念，掌握有效的家庭教育技能。[1]由于现代化进程加快，家长们时常处在竞争与忙碌的环境下，充斥着不安与焦虑，忽视了对幼儿教育或对幼儿产生不切实际的教育期望。电子产品的泛滥，进一步影响了亲子互动，加之城市化进程引起的居住环境变化，社区力量削弱，独生子女的普及等现象，幼儿独立性、自制力、社会性等方面发展问题日益突出。幼儿教育的问题需要更多的关注，教师有责任去唤醒家长的教育意识，改变家长急功近利的教育期望，提升家长的家庭教育水平。亲职教育的内容要有针对性，要根据不同家庭的需要有针对性的指导，如“隔代教养指导”“多动症儿童家庭指导”“单亲家庭教育指导”等。亲职教育丰富多样，包括专题讲座、现场观摩、小组讨论等多种方式。“亲职教育”是幼儿园家长工作的重要内容，把幼儿园教育的对象扩展到家长，使家长直接成为教师服务的对象。

（三）开发家长资源，吸引家长参与幼儿园教育

家长资源主要指家长可以为幼儿园班级提供的可利用要素，包括家长人力、财力、物力和信息在内的各种资源的总和。[2]物力资源指家长为幼儿园所提供的一切物质帮助；人力资源指家长参与幼儿园的各种活动；财力资源指家长出资为幼儿提供更多的学习机会；信息资源指幼儿家长为幼儿、其他家长或教师提供包括职业信息在内的一些信息资源。开发家长资源同样是教师家长工作的重要内容，教师运用多种策略使家长拥有的各种资源（人力、物力、财力、信息等）加入幼儿园教育活动中来，以达到拓宽幼儿园教育资源、促进家园合作的目的。良好的家园关系是家长资源开发的基础，只有保证家园关系的和谐，才能保证家长资源开发的顺利进行。

① 谷瑞勉．幼儿园班级管理：反思性教师的思考与行动[M]．北京：北京师范大学，2016.

② 李生兰．幼儿园与家庭、社区合作共育的研究[M]．上海：华东师范大学出版社，2003.

第三节 幼儿园班级家长工作的形式、方法与管理指导

一、幼儿园班级家长工作的形式

幼儿园班级家长工作具有多样性,其形式也是多种多样,有集体的,个别的,也有纯粹借助相关媒介手段的,多种形式相互补充,灵活调整,保证班级工作顺利进行。

(一)集体活动

集体活动主要面向家长群体,系统地向家长群体宣传幼儿教育相关知识,集中解决阶段性问题。

1. 参与性活动

(1)家长开放日

家长开放日是班级向家长开放,家长走进幼儿园、走进班级,以直观的方式了解幼儿园教育内容与方法,系统、连贯地观察幼儿的一日生活,幼儿的在园表现,了解教师的实际工作情况,更加全面、具体、直观地感受幼儿园的教育理念、内容与方式。[①]家长开放日的实施步骤:1. 确定好家长开放日的目标,做好家长开放日活动计划。2. 做好场地、材料、时间等方面的准备,整理好幼儿的观察记录、保存好幼儿的课堂作业和平时积累的作品,全面了解幼儿在日常生活中各方面的表现。3. 向家长讲解注意事项,尽量让家长不干扰幼儿的正常活动。4. 活动结束后及时交流,收集相关资料与信息。

---

① 李生兰. 幼儿园家长开放日活动的研究[M]. 上海:华东师范大学出版社,2008.

(2)亲子活动

亲子活动日是教师为增进亲子互动设计的一系列活动,如"亲子运动会""亲子游戏"等,邀请家长参加,与幼儿互动。有的幼儿园每月举办一次或两个月举办一次,活动内容应充分考虑到家长的各方面情况,使家长在活动中不仅能够更加了解自己的幼儿,激发自己的兴趣,也能够体会到教师的辛苦。教师也能通过家园活动加深对家长的了解,彼此能够互相理解信任,达到无障碍沟通的效果。

(3)家长助教

邀请家长参与班级各项工作的管理、监督、评价,或者参与幼儿园教育教学活动。教师邀请家长利用自己的空余时间,主动来到幼儿园组织幼儿进行教学活动,如交警队的家长给幼儿讲解交通安全知识,消防队的家长组织幼儿进行消防安全演习等。家长来园助教,一方面亲身体验和认识了教师工作,另一方面也发挥了自己的专业特长,丰富了幼儿园的教学内容及教学方法,深受幼儿的喜爱。

2. 会议活动

(1)班级家长会

家长会是学校和家长互通信息、统一思想和认识,共同对学生进行教育的主要形式。[①]可以在学期初、末,或是依据需要和计划召开家长会。学期初的家长会,教师向家长系统介绍班级幼儿的发展规划和本学期的教育目标,力求获得家长的支持、配合与理解。学期中的家长会,教师向家长宣讲一些育儿知识,如如何避免流感的发生等。学期末的家长会,对幼儿一学期的发展进行总结,并听取家长的意见和建议。

(2)经验交流会

经验交流会,指针对某一问题家长与家长,家长与老师之间进行专题交流、互动探讨的活动。通过交流分享,共同探讨幼儿教育的科学路径,促进家长不断提高育儿水平。通过经验交流会,促使家长互相学习、互相借鉴,进而共同进步。

---

① 陶芳.幼儿园家长会的研究[D].上海:华东师范大学,2011.

3. 专题讲座

专题讲座是由班级教师、专家或从事相关领域的家长作为主讲人，围绕某一专题进行深入介绍或阐述的活动。主要是为了帮助家长树立正确的儿童观、教育观，如班级教师结合《3-6岁儿童学习与发展指南》向家长介绍该年龄段幼儿学习、成长的特点等。

（二）个别活动

家长工作中的个别活动，是指教师面对某一家庭、某个幼儿进行针对性的交流、沟通，全面深入了解该幼儿的发展情况的活动。

1. 家访

家访是一种常见的家园共育手段，通常安排在学期初和学期末，由教师进入家庭了解该名幼儿家庭环境和家庭教育状况，并针对每个幼儿家庭的具体情况，在教育方法等方面给予具体建议或共商有针对性的个别教育对策。家访可以分为以下三种类型：学期初家访、学期中家访、学期末家访。

（1）学期初的家访

学期伊始，为了了解班级幼儿的家庭背景，父母教养方式以及幼儿自身发展状况、性格特点、生活习惯，通常会进行一次家访。特别是小班新入园的家访尤为重要，教师来到家庭，能够帮助幼儿更快地适应新环境，同时了解家长对幼儿园的要求与期待。

（2）学期中的家访

学期中的家访较之于学期初与学期末更具有针对性，特别针对在学习、生活、行为习惯等有特殊表现的幼儿，教师应当多增加家访次数，探索问题行为背后的原因，并同家长相互配合，双方合力共同调整教育策略。另外在班级管理中如遇到一些突发事故或恶性冲突，也需要借助家长来解决矛盾和消除误会。

（3）学期末的家访

一学期结束后，教师可以通过家访对幼儿园工作、家长工作以及幼儿的发展情况对家长进行总结与交流，同时向家长说明下一阶段教育工作的安排，以及假期幼儿的指导。

不管是学期初、学期中还是学期末的家访，教师都应当注意以下几点：

首先，家访之前教师应拟好家访提纲。学期初的家访内容主要包括幼儿的气质、性格，兴趣需要，特殊要求，家庭的教养方式等。学期中的家访具体包括幼儿在园情况、幼儿在园出现的问题、家长的意见等。学期末的家访可以同样涉及幼儿一学期的表现，如人际关系，行为习惯等。在约见家长前，还要对约访的幼儿进行针对性的观察记录以详细了解幼儿在园的发展情况。

其次，用电话或短信与家长进行沟通，说明家访的原因，了解家长的沟通意向，确定家访适合的时间。得到了家长的信任和肯定，家访的工作才能顺利进行。

再次，教师进入到家庭中应注意仪容仪表，大方得体，举止文明，态度热情诚恳，不卑不亢。与家长交谈过程中，要全面、深入、细致地了解幼儿在家庭中的表现，让家长感受到教师对幼儿的重视，并做好记录，加以分析。家访时还应向家长介绍幼儿园的基本情况，取得家长的积极配合，加强幼儿园和家长的联系。对于家长的问题与疑惑，教师应耐心解答，用自己扎实的专业知识和技能在家长心中树立专业威信，获得家长的信任。

最后，自然结束家访，时间不宜过长，家访结束后教师及时做好整理分析，重视家访过程中获得的反馈信息，并用于教育教学计划。

2. 接送交流

入园和离园是幼儿园一日生活的基本环节，也是家长了解幼儿在学习、生活等方面的具体情况，与教师及时交换意见，最直接、最方便也是最常用的一种家园沟通方式。教师可以与家长沟通，交换意见，以达到同步教育的目的。家长与教师可沟通幼儿身体状况及存在的问题，并针对幼儿在家中出现的问题与教师进行详细的分析。教师也应积极向家长反映幼儿在园的基本情况，并能够跟家长共同找出幼儿出现的问题以及能够给家长提出建设性的意见。

3. 访谈

访谈指教师根据一定的目的，和家长面对面进行沟通交流，了解幼儿的发展状况，解决特定发展问题的一种形式。在进行访谈过程中教师要注意：事先要有计划；先表扬幼儿的优点，提出幼儿问题时尽可能委婉；多描述性语句，少评论性语言；访谈时尽量做好访谈记录，可以借助一定的工具，并及时做好访谈的分析总结。访谈后要对幼儿要有后续的追踪和观察。

(二)媒介手段

家园联系簿、家园联系栏、幼儿园网站等媒介也是家长了解幼儿园班级工作的重要窗口,是家长合作的重要平台。

1. 家园联系簿

家园联系簿是家园沟通重要的媒介手段,联系簿里记录了家长、教师的联系方式、家庭住址等信息,并详细地记录了幼儿在幼儿园成长的点滴。教师应为每个幼儿建立一本家园联系簿,定期或随时与家长联系,互通情况信息,个别交换意见、建议,分享有关幼儿教育的信息和看法,共同探讨个别教育的计划与措施。

2. 家园联系栏

家园联系栏是由教师精心创设的墙面环境,有的幼儿园也叫"家长园地"或"家园直通车",在家园联系栏中包括了保健常识、饮食营养、班级大事件、班级通知、周计划、月计划等信息,家长可以通过它们快速地获取信息。教师在创设家园联系栏的过程中,形式要生动、美观,同时位置要显眼,内容要贴近幼儿生活,且根据实际情况经常更新。

3. 幼儿园网站

互联网的发展与普及,使人们越来越习惯于从网上获取信息,依托于互联网的新型家园共育方式应运而生,这就使得幼儿园和家庭之间的沟通渠道不再局限于传统方式,很多幼儿园都已经或者尝试建立一个基于互联网络的"幼儿园——家庭"互联互动的教育信息化平台,网站以教师、家长、幼儿为对象,围绕幼儿园教育教学的主题,完成教育信息的提供、组织与发布,主要有信息发布式和信息交流式两种。它具有互动性、及时性、快捷性,加快了教育资源的传递与反馈,使家园沟通更具成效。

在借助幼儿园网站进行家园沟通时应当注意:

(1)注意制定和完善网站中的管理、日常维护和更新制度。

(2)在幼儿园班级主页中专门开设家长论坛,便于家长和教师的沟通更便捷,也为家长科学育儿提供了有效途径。

（3）要注意网页设计的艺术性，导航设计的简洁性，信息的交互性与实践性等。

（4）幼儿园网站应栏目多样，如幼儿园宣传类、公告通知类、服务教师类、服务家长类、家园互动类、服务幼儿类、教育资源类，让家长全面的了解幼儿园工作。

4. 电访

“电访”指通过打电话或发送短信与家长取得联系的一种方式，相对于其他途径，它具有快捷性、即时性，在家长工作中使用频率较高，特别适用紧急、突发性的情况。教师将幼儿家中及父母的电话号码进行登记，必要时同家长联系。一般班级都有班级电话，家长们通过电话与教师交流。幼儿可以随时听到老师的声音，家长、老师之间也能及时地了解幼儿的情况、相互探讨教育方法。电话交流方便、及时，深受家长喜爱，同样也可以收到良好的效果。

5. 邮件

邮件主要包括电子邮件、传统邮件、书信等方式，有一些家长不擅长口头表达与交流，或者有些问题不方便面对面或者语言沟通，进而可以采用书面交流的形式，使家长与父母深度交流。

6. QQ群或微信群

QQ群和微信群的普及，使家园沟通更加便捷。QQ群和微信群具有同步性与异步性的特点，为老师与家长的双向沟通、交流与探讨提供了同步和异步接收信息的选择，为促进家园共育提供了切实可行的交流平台。家长可以方便地和教师以及其他家长进行实时的沟通，通过“群空间”功能，教师将幼儿园的动态、幼儿一日生活作息、家园活动的通知等信息同步发到空间，让家长可以在第一时间看到这些信息并做好相关配合工作，家长既可以发表观点、提出问题，也可以自由转载、阅读有价值的资源、信息等，实现资源共享，达到家园协同教育的目的。

二、幼儿园班级家长工作的方法

家长工作的形式多样，但容易表面化，可以通过以下具体的方法措施把多种形式综合起来。

(一)建立班级家长委员会

《幼儿园工作规程》提出“幼儿园应当成立家长委员会”,家长委员会是代表全体家长和幼儿利益的常设性群众组织,家长以合作者的身份,直接参与幼儿园的教育和管理。家长委员会的主要任务是协作班级教师开展家长工作,宣传教育理念,及时反映家长对班级工作的意见和建议,了解家长最真实的想法,调动家长的积极性,较好发挥家长作为重要教育力量和教育资源的作用,配合参与幼儿园的管理,监督、检查参与幼儿园管理,并动员和组织其他家长帮助解决问题。家长委员会起着联系幼儿园和家庭的桥梁和纽带的作用。建立家长委员会要注意以下事项:

首先,家长委员会的组建主要由“家长自荐”“民主推选”“教师推荐”多种方式构成,人数在5-7人。作为家长委员成员的家长需要满足下列条件:有热心、爱心与责任心,要有服务、奉献精神,具有一定的组织、沟通的能力,有足够的时间与精力,在家长中有一定威信,要认同幼儿教育的观念,志愿参与班级共建,善于与人沟通交流。

其次,明确家长委员会成员的权利与义务。只有权责明确,家长委员会才能发挥出更大的作用。家长委员会的权利包括知情权、建议权、监督权、评价权、参与权,即有了解幼儿园保育及教育情况、幼儿园管理工作、幼儿园发展规划及其他有关情况的权利,有对幼儿园工作及规章制度提出建议和意见的权利,有对幼儿园的各项工作进行监督的权利,有对幼儿园的各项工作进行评价的权利,还有参与幼儿园家长工作的权利。除了享有的权利,家长委员会成员的义务有:帮助家长了解幼儿园的工作计划,要求并协助幼儿园工作,及时反映家长对幼儿园的意见和建议,协助幼儿园组织与交流家庭教育的经验,积极参与幼儿园活动,做好示范表率的作用。

再次,建立健全评价体系。对家长委员会工作的评价是必需的,这能更好地促进委员会成员工作的进行,参与家长委员会评价的主体有家长、教师,评价内容包括家长委员会成员是否有服务的精神,是否有工作的意愿,是否有实施的能力,是否有奉献的时间等。在评价的时候要遵循公平、公正、公开的原则。

最后，要按时进行换届选举。为了让更多的家长参与幼儿园管理，防止部分家长在工作中产生懈怠，保证家长委员工作的活力，家长委员会应每学年换届选举，并做好总结与计划工作。

（二）建立家长学校

家长学校的主要任务是系统地向家长传授科学的育儿知识，咨询家庭教育中存在的问题，帮助他们树立正确的儿童观、教育观，也可以就组织共同关心的问题进行交流研讨。可以按幼儿年龄将家长分班，或是根据家长类型分班，针对不同教育对象或教育者的特点进行培训。首先，确定家长学校的人员构成，如由园长总负责，各年龄段教研组长具体负责，教师代表、家长代表和社区代表等相关人员协同负责等。其次，不断完善家长学校的管理制度，对家长学校的活动做出具体的规定，建立健全家长的评价表彰制度等，提高家长参加学习的积极性。再次，家长学校培训的内容和方式要具有针对性和多样性，能有助于解决家长实际遇到的问题。最后，幼儿园可以聘请幼儿园所在地的高等教育机构中的相关专业人员，给幼儿园家长工作提供更为专业的支持。幼儿园可以用多种形式接受家长工作顾问专家的帮助。

（三）建构资源网络，共享教育信息资源

随着信息技术高度发展，“互联网+”的理念逐渐渗透到各行各业，家园合作本身就是一个信息共享的活动，互联网可以作为现代家园共育的新载体。因此在进行家长工作的过程中，可依托互联网，建构资源网络，共享教育信息资源。通过建立幼儿园网站，运用视频、音像、图文等方式，及时将最新的教育动态向家长传递，以便让家长了解最新最先进的教育理念、教育资讯，对幼儿进行科学的教育。[①]通过网站，展示幼儿在园开展各类活动的照片，向家长介绍幼儿在幼儿园的表现。现代家园共育新模式的开展，使得家长参与教育的积极性提高了，家长平时在别的网站上看到一些好的家教文章，或适合幼儿学习的内容，都会向大家推荐，真正做到教育资源共享。

（四）招募家长志愿者

家长志愿者是指不为任何物质报酬的情况下，自愿、无偿地以自己的时

① 张建卫.家长参与：家校协同的心理学研究[M].北京：首都师范大学出版社，2012.

间、技能等资源为幼儿园提供帮助和服务的幼儿父母、(外)祖父母以及其他监护人。[①]教师可以通过招募家长志愿者,建立长期的志愿者队伍。注意事项如下:

1. 明确家长志愿者的要求与活动安排。教师要将志愿者的需要详细地告诉幼儿家长,使他们明确幼儿园班级工作是需要他们出力的。

2. 对家长志愿者进行有针对性的指导。根据不同志愿者的特点,不同的活动要求,教师事先要做好培训与指导,使志愿者能够明确自己的工作任务,为志愿者活动的顺利开展提供保证。

3. 赋予每个志愿者知情权、选择权、建议权和获得工作保障以及参加评比表彰的权利。教师应该与家长共同商议教育计划,参与课程设置,深入探讨具体教育环节,在活动过程中发挥不同的引领作用。

4. 向幼儿介绍家长志愿者。家长志愿者需要参与班级课程,幼儿对每个家长志愿者熟悉过后有助于跟幼儿的交流。

5. 开展家长志愿者评比活动。制定奖励制度,定期开展评比活动,并为志愿者颁发荣誉证书和奖品,以此推动更多的家长参与到志愿者活动中来。

三、幼儿园班级家长工作的管理指导

教师作为班级家长工作的发起者、参与者、实施者,同时作为管理者与被管理者,教师在家长工作管理的过程中应当注意以下几点:

(一)创设和谐、民主的工作氛围

在管理家长工作的过程中,教师与家长互为管理者与被管理者,他们之间是互相尊重,协同合作的关系。因此教师应当建立和谐、民主的工作氛围,温馨、愉快、轻松的交流环境,用心对待每位家长,尊重他们的人格和观点,耐心听取家长的想法和意见,积极采纳家长有效的建议。

(二)建立有效的家长工作管理制度

班级家长工作是一项长期而又艰巨的工作,需要建立健全运行机制,以保障工作持续有效进行。家长工作管理制度主要有两类,一类是针对教师建立

① 顾静.幼儿园家长志愿者的研究[D].上海:华东师范大学,2009.

的家长工作考核制度，一类是针对家长建立的激励制度。

1. 教师家长工作考核制度

根据教师开展家长工作的成效对教师进行考核评价，并把考核评价的结果与教师职称评定与学期奖金挂钩。考核的方式主要有“教师自评”“同行互评”“家长评价”“园长评价”等方式，其中最主要的是“家长评价”。例如某幼儿园把家长对教师工作的满意度作为幼儿园对教师每学期期末考核的指标之一，比重占了所有考核指标的30%。家长满意度总分为10分，9分以上为优秀，9分以下8分以上为良好，8分以下7分以上为合格，7分以下为不合格，低于7分的没有学期奖学金，且没有资格参与幼儿园的评优评先和职称评定。家长工作是琐碎而持久的，通过教师家长工作考核制度，教师可以自我督促，班级教师成员之间也可以互相监督，避免因教师自身懈怠导致家长工作的开展虎头蛇尾，流于形式。

2. 家长激励制度

根据家长参与幼儿园班级活动，配合教师家长工作的情况对家长进行物质或精神的激励，以调动和保持家长的积极性与主观能动性，有效激发家长的潜能。有幼儿园每年会根据家长参与的程度和对幼儿园贡献的大小评选出“优秀家长”与“热心家长”，并对于幼儿园有突出贡献的家长授予“特殊功勋奖”。通过“优秀家长”的评比能给予家长强大的精神动力，同时树立榜样，激励更多的家长参与家园合作。值得注意的是，“优秀家长”“热心家长”等的评比应当是民主评议的结果，且受众范围大，覆盖面广。

（三）邀请家长参与管理

幼儿园作为幼儿教育的重要机构应积极地邀请家长参与到幼儿园的管理中，这样有利于家园合作活动的展开，教师作为经验丰富的教育工作者，应该正确引导家长介入，为家长详细说明幼儿园各方面的情况，并允许家长在充分了解幼儿园每日运作的情况下，积极地参与到幼儿园各方面的管理中，包括幼儿课程的设计、户外活动的注意事项、幼儿保健知识的学习、食堂卫生及食谱的制定等方面。让家长介入园务管理主要是通过幼儿园的日常管理活动，使家长能及时了解幼儿园的管理现状，并对幼儿园日常工作的实施和园务计划的落实进行监督，主要内容包括直接参与幼儿园职代会、幼儿园督察、幼儿园膳食管理与网站管理等。主要方式有家长督察制、开放评价制和家长议案制等。

思考与练习

1. 谈一谈，幼儿教师在进行家长工作中的注意事项。
2. 想一想，幼儿园班级家长工作的意义。
3. 制定班级学期家长工作方案。

第6章
幼儿园班级中的其他管理工作

一所幼儿园的管理质量和水平,决定着保育、教育、服务等方面的质量和水平,代表着一所幼儿园的形象,体现着一所幼儿园的园本文化。幼儿园班级管理是一项复杂的系统工程,除幼儿园安全管理、一日活动管理、家长工作管理等重要内容,班级环境管理、物品管理、文案管理、信息管理也是不可或缺的内容。本章将学习幼儿园班级中的其他管理工作,需要我们在实践中不断努力和尝试。

【学习目标】

1. 掌握幼儿园班级环境创设的含义、原则、内容及策略。
2. 掌握幼儿园班级物品管理原则。
3. 掌握幼儿园班级文案管理的含义、内容和基本格式。
4. 理解幼儿园班级信息管理的内涵及意义。
5. 能够结合幼儿园班级管理需要，进行物质环境和心理环境创设。

【学习重难点】

掌握幼儿园班级环境创设的含义、原则、内容及策略；能够结合幼儿园班级管理需要，进行环境创设、物品管理和文案管理。

【知识结构图】

- 幼儿园班级中的其他管理工作
  - 幼儿园班级环境创设管理
    - 幼儿园班级环境创设的内涵
    - 幼儿园班级环境创设的原则
    - 幼儿园班级环境创设的内容
    - 幼儿园班级环境创设的策略
  - 幼儿园班级的物品管理
    - 幼儿园班级物品的含义
    - 幼儿园班级物品管理存在的问题
    - 幼儿园班级物品管理的原则及方法
  - 幼儿园班级的文案管理
    - 幼儿园班级文案管理的含义及作用
    - 幼儿园班级文案的主要内容
    - 幼儿园班级文案管理的 办法及要求
  - 幼儿园班级的信息管理
    - 幼儿园班级信息管理的内涵及意义
    - 幼儿园班级信息管理的具体内容
    - 幼儿园班级信息管理的方法和途径

第一节
幼儿园班级环境创设管理

幼儿的发展是在与周围环境的相互作用中实现的，良好的教育环境对幼儿的身心发展具有积极的促进作用。《幼儿园教育指导纲要（试行）》指出："环境是重要的教育资源，应通过环境的创设和利用，有效地促进幼儿的发展。"幼儿园班级是幼儿学习、生活与游戏的场所，幼儿每天看到的、接触最多的就是自己的班级环境。作为教师，应该充分发挥环境这一"隐性课程"在开发幼儿智力、促进幼儿个性发展等方面的教育作用，让幼儿在与良好的班级环境互动中得到全面和谐的发展。

一、幼儿园班级环境创设的内涵

幼儿园班级环境是指在幼儿园班级中，以班级为单位，对幼儿身心发展产生影响的物质与心理要素的总和，包括班级物质环境和班级心理环境两方面。幼儿园班级物质环境是指影响幼儿发展的与班级物理环境相关的客观因素，具体包括：室内空间布局、活动区创设和材料投放、班级的室外空间利用等，幼儿园班级心理环境是指影响幼儿发展的与教育教学活动有关的主观因素，具体包括人际环境、信息环境、舆论环境和情感环境五个方面。①

幼儿园班级环境创设是指教师在一定的班级环境目标的指引下，有目的、有计划地通过布置班级物质环境和营造班级心理环境以创设良好的班级环境的过程。幼儿园班级物质环境创设包含室内空间的安排与利用，家具设备、游戏材料、墙面布置与幼儿作品展示等方面的创设。幼儿园班级心理环

① 左志宏.幼儿园班级管理[M].上海:华东师范大学出版社,2015.

境创设包括建立良好的师幼关系、幼儿同伴关系、教师间的关系、教师与家长的关系等方面的创设。①

二、幼儿园班级环境创设的原则

幼儿园环境创设的根本目的是为幼儿提供良好的生活和学习环境，为幼儿身心全面和谐发展创造良好条件。为了达到这一目的，创设良好的班级环境必须遵循以下原则：

（一）教育性原则

一个好的班级环境创设应该是一本立体的、多彩的、富有吸引力的无声教科书。班级场所、区域的设置和划分，空间的布局，墙面的装饰，物品的摆放，顶部的吊饰，功能角的设计，无不体现着教育的内容和导向。②然而，当前有的教师在创设班级环境时一味追求美观，忽视了环境创设本身应具备的教育目的，让环境创设纯粹成为一种装饰。因此，教师在创设班级环境时要围绕课程设计与实施，紧扣教育活动目标，结合各年龄段幼儿的特点，做出系统规划，创设有利于幼儿发展的班级环境，让班级环境真正能“说话”，使其发挥最大的教育功能。

案例6-1：在科学区角活动中，大班老师在墙上制作了数字迷宫棋盘。棋盘是一个大迷宫，孩子们扔骰子，根据骰子上的数字，决定前进步数。每步又设置问题（当月主题活动相关内容）闯关，答对答错给予奖励或惩罚（即前进或后退）。通过闯关，孩子们不仅复习了数字，还可对当下学习内容进行复习整理。这款和孩子们一起自创的迷宫棋在班级风靡了很长时间，那个区角也成了孩子们百玩不厌的地方。小小的区角，竟然也有了大大的教育意义。

（二）参与性原则

《3-6岁儿童学习与发展指南》在“理解幼儿的学习方式和特点”中指出要“最大限度地支持和满足幼儿通过直接感知、实际操作和亲身体验获取经验的需要”，而幼儿参与环境创设的过程，就是直接感知、实际操作和亲身体

① 袁爱玲.幼儿园教育环境创设[M].北京:高等教育出版社,2010.

② 赵春龙.幼儿园班级管理(第四版)[M].长沙:湖南大学出版社,2016.

验获取经验的过程。因此，环境创设的过程应该是幼儿与教师共同参与合作的过程。教师要有让幼儿参与环境创设的意识，认识到幼儿园环境的教育性不仅蕴含于环境中，还蕴含于环境创设的过程中。

1. 参与设计

幼儿是环境的主人，应该让他们按照自己的意愿和想法来创设幼儿园的物质环境。教师在设计班级环境创设方案之前，应与幼儿进行深入地讨论交流，了解他们的兴趣爱好，听取他们的想法与愿望，并尽可能地体现在实施过程中，这样创设出来的环境才能最大限度地满足幼儿的需要，对幼儿也更具有教育意义。

2. 参与布置

李季湄教授指出："师幼合作，共同创造环境。引导幼儿以小主人的身份亲自参与环境的创设，亲身体验自己的力量与创造的欢乐，让环境创设的过程成为幼儿在教师的指导下，真实地体验生活、指导地参与并创造生活的过程。"也就是说，教师应当把环境创设的主动权交还给幼儿，首先让幼儿和家长共同去收集环境创设需要的各种信息和资料，因为幼儿参与收集的过程就是学习积累的过程。其次通过教育活动、游戏活动让幼儿在对材料的探究和使用中，充分发挥他们的积极性和创造性，在动手、动脑的过程中，共同创设出幼儿所喜爱并与之互动的班级环境。教育家陈鹤琴说过："用儿童的双手和思想布置的环境，会使他们更加深刻地理解环境中的事物，也会使他们更加爱护环境。"因此，幼儿参与班级环境布置不仅能锻炼动脑动手能力，还可以培养自信心，获得成就感，更能培养他们对环境的保护和爱惜之情。（见图6-1-1、图6-1-2）

图6-1-1 大班主题墙“我是东坡娃”

图6-1-2 小班主题墙“汽车叭叭叭”

3. 参与互动

让幼儿在与环境的互动中得到发展是环境创设的宗旨。幼儿与环境互动的过程也是课程实施的过程。朱家雄教授曾说：“不要以成人的眼光去看待幼儿园环境的创设。衡量幼儿园环境的优劣，关键是看哪种环境能使孩子参与进来，和孩子发生关系。只有能与孩子发生了关系，能和孩子展开‘对话’的环境才称得上是有意义的环境。”

案例6-2：小班的幼儿缺乏如穿衣服、扣纽扣、系鞋带等生活技能，教师若每天只口头示范，不仅枯燥，也使幼儿缺乏实际操作。于是，教师用无纺布做了各种动物、水果的造型贴在墙上，把纽扣、拉链、鞋带、子母扣等小物件固定上去。当幼儿打开西瓜绿色的“皮”，会看见红色的“瓤”，“瓤”上面有很多子母扣，幼儿可以把同样贴有子母扣的西瓜籽贴上去。幼儿在游戏的过程中学会了拉拉链、扣纽扣、系鞋带、编辫子等生活技能，同时训练了小手肌肉的灵活性。在自由活动时间，你总能看到有幼儿乐此不疲地在这里玩耍，他们以重复这个动作为乐，特别是刚学会某一个技能的幼儿。（见图6-1-3、图6-1-4）

图6-1-3 水果墙

图6-1-4 小动物喂食

(三)审美性原则

班级环境创设呈现的造型、色彩、形式等,都会潜移默化幼儿的审美。因此,班级环境创设应给幼儿美的感受,让幼儿受到美的熏陶。教师应从尊重幼儿的审美兴趣,满足他们的审美需要出发进行环境的创设,在造型设计和色彩选择上做到简洁、美观、协调,让人感到舒适、愉悦,营造出具有造型美、色彩美、形式美和童趣美的环境来感染幼儿,从而培养幼儿初步的感受美、表现美、创造美的情趣和能力。

(四)动态性原则

班级环境创设应该是开放的、动态的,而非长期固定不变的,要随着幼儿知识经验的增长、兴趣能力的变化、课程内容的丰富、季节的变化等对班级环境进行更新组合。如随着主题教学内容的深入,墙面创设的内容和材料应不断增加、不断丰富,区域活动的材料应及时分类投放,尽可能做到投放的游戏材料是幼儿喜欢的、新鲜的、有意义的,以适应不同阶段、不同能力幼儿的发展,并体现教育的延续性,让班级环境创设成为幼儿学习过程的记录与展示。只有这样,才能让幼儿始终对班级环境有新鲜感,使幼儿能从环境中不断获得新知识、新经验、新发展。

(五)经济性原则

经济性原则是指创设幼儿园班级环境应考虑幼儿园自身经济条件,勤俭创设环境,因地制宜创设环境。幼儿园班级环境的好坏关键在于它能否促进幼儿的发展,而不在于投入了多少费用。因此,教师在创设班级环境时要坚持高质量低成本的经济性原则,根据需要因地制宜、就地取材,发动幼儿、家长来共同收集自然材料、生活中闲置的或可以再利用的废旧物品,充分挖掘它们的再使用价值,在保证清洁、卫生的前提下精心设计,做到废物利用,一物多用。这样的班级环境创设既培养了幼儿的想象力、创造力,又增强了他们的环保意识。

案例 6-3:春暖花开,又是一年播种季。在老师们的倡议下,班级开展了利用废旧容器的亲子种植活动。家长和孩子们有的用旧鱼缸,有的用奶粉罐,有的用食用油的瓶子,有的用旧鞋子种上了花、水果、蔬菜等各种植物的种子。(见图 6-1-5、图 6-1-6)

图6-1-5 自然角——旧鞋子的利用

图6-1-6 自然角——废旧瓶罐的利用

(六)安全性原则

安全是幼儿园创设教育环境的基本原则。《幼儿园教育指导纲要(试行)》明确指出:“幼儿园必须把保护幼儿的生命和促进幼儿的健康放在工作的首位。”幼儿年龄小,自我保护的意识和能力差,他们的年龄特征决定了他们好奇、好动、好问的特征,所以在创设班级环境时必须把安全放在第一位。

幼儿园班级环境的安全包括安全的心理环境和安全的物质环境。首先,班级环境创设要满足幼儿心理安全的需要,使幼儿具有充分的安全感和信任感。班级的环境氛围、教师对幼儿的态度、幼儿之间的交往关系、幼儿现在班上的地位等,都是构成幼儿安全感的重要因素。[①]其次,班级环境创设应注意消除环境中的不安全因素,如班级中不应有毛刺或棱角的设施设备,开关、插座、消毒液等危险物品应放置在幼儿触摸不到的地方,提供给幼儿操作的各种玩具和材料应是清洁的、无毒无污染的等。

三、幼儿园班级环境创设的内容

(一)幼儿园班级物质环境创设的内容

幼儿园班级物质环境是指影响幼儿发展的与班级物理环境相关的客观因素,具体包括:室内空间布局、活动区创设和材料投放、班级的室外空间利用等。[②]幼儿园班级物质环境对幼儿的发展起着不可忽视的作用,是保障幼儿健康发展的重要途径,创设的内容主要有墙面环境创设和区角环境创设。

① 赵春龙.幼儿园班级管理(第四版)[M].长沙:湖南大学出版社,2016.

② 左志宏.幼儿园班级管理.[M].上海:华东师范大学出版社,2015.

1. 墙面环境创设

幼儿园班级物质环境中大片的墙面环境作为“无声教材”，最能体现班级特色，它蕴含着教育信息，是幼儿观察、认知和表达的重要场所。因此，教师在进行班级墙面环境创设时，不能单纯为了美观，而应在教育目标的指引下，从幼儿的发展需要出发，针对幼儿身心特点，有目的、有计划地进行墙面环境创设，把教育意图渗透在墙面环境之中，真正为幼儿的发展服务。（见图6-1-7、图6-1-8、图6-1-9、图6-1-10、图6-1-11、图6-1-12、图6-1-13、图6-1-14、图6-1-15、图6-1-16、图6-1-17）

墙面环境创设的内容包括信息资料类（表6-1-1）、观察和观赏类（表6-1-2）、作品展示类（表6-1-3）、互动操作类（表6-1-4）。

表6-1-1 信息资料类

类型	名称	内容	作用
信息资料类	生日栏	记录全班幼儿的生日，把幼儿照片按月份顺序进行排列装饰	通过每月一次集体过生日活动，激发幼儿关注和了解别人的愿望，学会分享自己的快乐，增进幼儿之间的情感交流
	亲子栏	展示班级幼儿与家长互动活动的内容、过程等	增进感情交流，提高家长的参与性，促进家园互动
	新闻栏	展示幼儿、教师、家长收集的信息或新闻等	开阔幼儿视野，激发幼儿的好奇心、求知欲，培养幼儿关心身边发生的事情及新闻时事，学习新闻背后隐含的各种知识
	家园联系栏	展示班级开展的教育活动，月、周工作重点，育儿经验，温馨提示等	便于家长及时关注班级活动，促进家长与教师进行互动交流，体现家园共育

图6-1-7 新闻栏

图6-1-8家园联系栏

表6-1-2 观察和观赏类

类型	名称	内容	作用
观察和观赏类	值日生栏	记录环境值日生的值日时间、值日内容等	培养幼儿乐意为他人服务的意识，养成良好的劳动习惯，增加幼儿的自信心、自豪感和责任感
	气象栏	记录对季节气候、每日气象的观察	培养幼儿对周围事物的兴趣，训练幼儿的观察力和记录描述的能力，丰富幼儿的有关知识经验，增强幼儿的环保意识
	评比栏	用图形或标记对班级幼儿各方面的发展进步做出的鼓励评价	培养幼儿的自信心和判断是非的能力，强化幼儿的正确行为，培养幼儿关心他人的品质

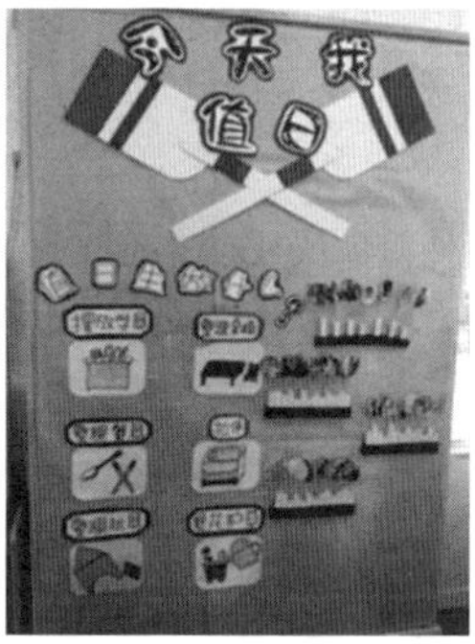

图6-1-9 值日生栏

6-1-10 气象栏

图6-1-11 评比栏

表6-1-3 作品展示类

类型	名称	内容	作用
作品展示类	幼儿作品栏	幼儿自创的各种美术作品	增强幼儿的自信心，养成爱护自己和他人劳动成果的良好习惯，培养幼儿的审美能力

图6-1-12 幼儿作品栏(1)

图6-1-13 幼儿作品栏(2)

图6-1-14 幼儿作品栏(3)

表6-1-4 互动操作类

类型	名称	内容	作用
互动操作类	主题墙	展示主题活动的信息材料，幼儿在教学活动中的探究过程、学习成果等	辅助与延伸班级主题活动，展示幼儿学习内容、参与过程与结果，培养幼儿感受美、表现美、创造美的能力
	出勤栏	展示每日本班幼儿的出勤情况，并用不同的表情卡或色卡来呈现幼儿当天入园时的身体健康状况、情绪反应等	培养幼儿遵守时间的观念，通过幼儿自己动手翻表情卡，学习自觉表达自己的情绪情感，养成关心同伴的良好品质
	进区卡	幼儿进入区角的卡片，正面展示班级每个幼儿的照片，背面由幼儿自行创意装饰	规划每个区角的最大容纳量，建立区角活动规则，培养幼儿的规则意识，帮助幼儿形成良好的常规和行为习惯，提高区角游戏活动的有效性
	触摸墙	展示不同材料、不同质感的各类安全性材料或物品	在触摸和观察的过程中体验、认识不同材质的物体，发展幼儿的触觉

图6-1-15 大班主题墙“盖房子”

图6-1-16 进区卡

图6-1-17 触摸墙

案例6-4:“伞花朵朵开”是本学期的第二个主题。进入主题的第二天,孩子们便如约带来了各种各样的伞——油纸伞、布伞、装饰伞、塑料伞……在互相交流认识了各种伞之后,我们做了渗水试验,填写了观察记录表,贴在了主题墙上。接下来,孩子们了解了油纸伞及制作过程,分组用不同材料DIY了自己的油纸伞,这些伞配上蓝色雨滴悬挂在了主题墙的“云朵”下面。一个主题下来,我们教室的墙上、空中都是孩子们的活动痕迹,墙面生动地诠释和记录了我们的主题活动。

2. 区角环境创设

幼儿园区角环境的创设是幼儿教育环境创设的重要组成部分。《幼儿园教育指导纲要(试行)》指出:“幼儿园的空间、设施、活动材料和常规要求等应有利于引发、支持幼儿的游戏和各种探索活动,有利于引发、支持幼儿与周围环境之间积极的相互作用。”因此,教师在进行区角活动环境创设时,首先,应根据幼儿的发展水平和教育目标,创设不同的区角。其次,应根据幼儿的兴趣、爱好、生活经验等投放不同的材料。最后,和幼儿一起制定区角游戏规则,并在游戏中给予适时的指导和介入。只有在这样的区角环境中幼儿才会自主选择活动内容和合作伙伴,主动进行探索与交往,充分满足幼儿的发展需要。

区角环境创设的内容主要包括:生活区、图书区、语言区、自然区、建构区、益智区、美工区、科探区、音乐表演区、角色游戏区等。(见图6-1-18、图6-1-19、图6-1-20、图6-1-21、图6-1-22、图6-1-23、图6-1-24、图6-1-25)

6-1-18 角色游戏区

图6-1-19 音乐表演区

图6-1-20 生活区

图6-1-21 图书区

图6-1-22 自然区

图6-1-23 益智区(1)

图6-1-24 益智区(2)

图6-1-25 科探区

(二)幼儿园班级心理环境创设的内容

《幼儿园教育指导纲要(试行)》指出:“幼儿园必须把保护幼儿的生命和促进幼儿的健康放在工作的首位。树立正确的健康观念,在重视幼儿身体健康的同时,要高度重视幼儿的心理健康。”与物质环境相比,班级心理环境是无形的,也更为复杂与难以把握。因为幼儿年龄小、自主性差、模仿性强、辨别能力低,容易受环境的影响和感染,所以幼儿园除了要为幼儿创设良好的物质环境外,还应为幼儿创设良好的心理环境,尤其是班级心理环境。[①]幼儿园班级心理环境主要体现在人际关系及心理气氛等方面,包括师幼关系、同伴关系、班级气氛及家园合作等。创设良好的班级心理环境对幼儿的情感、交往行为和个性发展具有积极意义。

四、幼儿园班级环境创设的策略

(一)幼儿园班级物质环境创设的策略

幼儿园班级物质环境创设包含室内空间的安排与利用、家具设备、游戏材料、墙面布置与幼儿作品展示等方面的创设。

1. 科学规划班级空间

班级空间指幼儿园中基本上供一个班级使用的空间,包括班级活动室、班级寝室、盥洗室以及走廊中主要供本班幼儿使用的空间。[②]

(1)整体规划空间布局

教师要结合本班活动室实际情况与幼儿的年龄特点,将班级各种活动空间进行科学合理的规划,为幼儿与环境的有效互动建立必要的空间基础。在进行班级空间规划时,教师要对班级当前的空间条件进行整体构思,找出不能任意变动的位置,比如门窗、壁柜等,考虑好各种活动需要的活动空间、材料存放的位置及高度、活动强度、光线、水源等,以平面图的形式进行模拟摆设,确定最佳方案,从而充分利用班级的空间。

(2)展现班级特色

教师在整体规划班级空间时要考虑幼儿的兴趣爱好,结合本班班级文化,根据班级主题活动的课程内容,定位班级物质环境创设的主题风格,比如田园主题、动物主题、季节主题等,让班级环境主题、色调一致,墙面环境和区域环境相得益彰,彰显出班级特色,增加幼儿热爱自己班级的情感。

案例6-5:暑假,萌萌和哥哥去了日本的环球影城。开学第一天来报名,就兴冲冲地来告诉老师:"老师,看我的小黄人书包!你知不知道,环球影城

① 赵春龙.幼儿园班级管理(第四版)[M].长沙:湖南大学出版社,2016.

② 张莅颖.幼儿园班级管理[M].北京:高等教育出版社,2010.

的小黄人，好乖哦！”教师灵机一动，将本学期班级环创主题定为“小黄人，大眼萌！”

从家园联系栏开始，所有班级环创都以小黄人为重点，教室的环创色调以黑、黄、蓝为主。植物角的花盆，也是用毛线一黄一黑缠绕装饰。教室门、玩具柜，就连每张桌子，教师也分别按组数贴上了相应个数的小黄人，孩子们很快就能按小黄人的个数找到自己的桌子和座位。主题环创的色调自然也以黑、蓝、黄为主。

在迎新年亲子化装舞会中，教师请三位爸爸变身为“小黄人”玩偶，五位老师变身为“小黄人”，跟着“小黄人”主题曲表演了精彩的开场秀。

班级主题环创、活动开展、区角设计……教室里处处都是“小黄人”的味儿，真所谓名副其实的“小黄人”班！（见图 6-1-26、图 6-1-27、图 6-1-28、图 6-1-29）

图 6-1-26 “小黄人，大眼萌”——班级活动室门

图 6-1-27 “小黄人，大眼萌”——家园栏

图 6-1-28 “小黄人，大眼萌”——自然区

图 6-1-29 “小黄人，大眼萌”——美术区

2. 充分开发环境材料

班级环境创设使用和提供的材料在数量、种类上尽可能丰富多样，为幼儿充分地与班级环境进行有效互动提供条件。首先，要调动家长和幼儿的积极性，多方联动，主动从身边生活中的自然材料、废旧材料中寻找有用的环境材料。其次，探究环境材料所蕴含的教育价值，让教师和幼儿通过选择组合、设计制作、创造使用，发挥材料在班级环境创设中的使用价值，最大限度地调动幼儿学习的积极性，促使幼儿不断地与环境材料相互作用。最后，教师要注意在使用过程中不断发现和开发材料的功能，尽量做到一物多用，引导幼儿对材料进行适当的补充、替代和分类，以保证幼儿自主性的发展。

案例 6-7："纸"这个平常得不能再平常的东西，却是那么的神奇。在"走进纸王国"的主题活动中，孩子们做了让纸站起来的实验后非常开心。我趁势问他们："敢不敢再牛一点，来当造纸小师傅！""敢！"孩子们斗志昂扬。跟孩子们分享了四大发明之一——造纸术后，我们的造纸工程正式开始了。第一步，孩子们开始制作纸浆，我找来最原始的卫生纸（草纸），孩子们将它撕成小块浸泡在水中一段时间后，倒入豆浆机中打磨成纸浆。第二步，孩子们自行分组搜集材料，造自己心仪的纸。他们搜集了鲜花、树叶、小草、锡箔纸、复写纸、毛线等。第三步，纸浆打好后，孩子们用教师自制的滤网（小呼啦圈和纱窗布缝制而成）过滤纸浆，用手压平，再用干布把水吸干。第四步，孩子们把搜集的材料嵌入纸浆中，自制具有本组特色的纸张。看，一张张别具匠心的纸出现了。（见图 6-1-30、图 6-1-31）

图 6-1-30 自制纸张(1)

图 6-1-31 自制纸张(2)

3. 合理利用墙面空间

幼儿园班级的墙面是班级环境不可缺少的一部分，它不仅有装饰和美化班级环境的作用，还可以丰富幼儿的知识、陶冶幼儿的情操，培养幼儿的审美能力和思维、想象能力等。[①]为了充分发挥班级墙面空间的教育价值，在进行墙面环境空间的创设与管理时要注意以下几点：

（1）班级墙面环境潜移默化地影响着幼儿感受美、欣赏美、表现美的情趣和能力。教师在进行墙面创设时，要注重色彩、造型、形式、内容等要素之间的协调统一，这样墙面才会对幼儿有吸引力。

（2）教师对班级墙面空间应进行因地制宜地选择布置，大面积墙面即主题墙，可以用于主题教学中幼儿活动过程与结果的展示。小面积墙面则适合创设信息资料类、观察和观赏类、互动操作类等墙饰，比如生日栏、气象栏、评比栏、幼儿作品栏、值日生栏、亲子栏等。同时要注意墙面的适当“留白”，不要让每个地方都布置得满满当当，让人觉得眼花缭乱，排列拥挤。“留白”既给幼儿留了空间，也给教师自己留下调整的余地。

（3）教师在进行墙面环境的内容展示时，首先，可以根据主题活动的内容、发展脉络，选择与主题相关的元素分区域加以修饰，比如边框修饰法、背景存托法、增添删减法、创意组合法等，让墙饰生动有趣。其次，可以巧妙利用班级的门、窗、阳台、栏杆等空间位置，结合吊、贴、摆、悬挂等方式放置，让墙面环境真正成为一本立体的、多彩的、富有吸引力的无声教科书。

4. 巧妙管理区角环境

（1）灵活设置区角环境

班级活动区角的设置必须以方便幼儿活动为原则，整合室内外所有的空间资源，充分利用每一个角落，合理布局，灵活调整。可以采取“四结合”的方式进行设置。即室内与室外相结合、地面与空中相结合、固定区角和临时区角相结合、班级区角和公共区角相结合。

（2）智能投放活动材料

区角环境的教育功能，主要通过材料来实现，区角游戏材料是幼儿主动建构知识经验的支持物，直接影响着幼儿参与区角活动的兴趣和质量。不同

① 侯娟珍.幼儿园班级管理[M].北京:北京师范大学出版社,2016.

材料带给幼儿的操作方法不同，获得的知识经验也不一样。因此，教师适时、适度、适量地投放不同层次的活动材料是关键。

首先，充分发掘材料在不同区角的多种教育作用，根据最近班级教育目标，有针对性地选择投放能促进幼儿发展的操作材料，提高材料投放的目的性。其次，保证投放的材料种类多样、数量充足，能够满足幼儿在活动中自由选择，并能按幼儿自己的意愿进行添加和改变，采取低结构与高结构材料结合投放的方法，做到材料投放的丰富性。最后，还要注意材料投放的层次性。根据维果茨基“最近发展区”理论，要尊重幼儿的个体差异，对不同发展水平的幼儿提供不同层次的操作材料，激发探究的兴趣，让每一位幼儿都能在原有水平上得到提高，体验到成功的快乐。

（3）图文设计标识规则

《幼儿园教育指导纲要（试行）》指出：“建立良好的常规，避免不必要的管理行为，逐步引导幼儿学习自我管理。”可见，培养幼儿良好的常规行为是班级管理中的一项重要工作，而良好的常规行为习惯需要建立在良好的规则意识和执行规则的能力上。

区角游戏活动是幼儿学习规则，形成规则意识的一种重要手段。幼儿在教师的带领下共同讨论建立区角游戏的活动规则，明确每一个区角的规则要求，并通过图文形式记录布置在相应的区角中，随时提醒幼儿控制自己的行为，自觉遵守游戏规则，形成良好的规则意识。在制作时可以用简单的图示、字数相同的文字说明以及统一的配色方法，让一个班级环境内的区角规则、标识牌形成同一种风格。可以巧妙利用班级内的墙壁、柜子、栏杆等物品，作为区角规则、标识牌的背景。（见图 6-1-32、图 6-1-33）

图 6-1-32 阅读区

图 6-1-33 美工区

（二）幼儿园班级心理环境创设的策略

幼儿园班级心理环境在幼儿园班级环境中同等重要，营造良好的班级心理环境对幼儿的成长和发展起着重要作用。教师应该提高对班级心理环境的认识和理解，树立正确的儿童观，尊重关爱每一位幼儿，为幼儿创设和谐向上、温馨舒适的心理环境。同时，教师还应引导幼儿树立正确的人际交往观念，提高处理人际关系的能力，在班级中建立和谐的师幼关系、同伴关系、教师间的关系以及教师与家长的关系等，和谐的人际关系对幼儿的发展至关重要。

1. 建立民主平等的师幼关系

师幼关系是幼儿园人际关系的核心，贯穿于幼儿园的教育活动、学习活动、游戏活动等各个环节。教师应树立平等的师幼观，充分尊重、信任幼儿，做幼儿的倾听者、支持者，充分了解、关注幼儿，做幼儿的引导者、合作者。积极鼓励幼儿去探索，激发他们的表现欲，并给予适时的帮助与支持，通过积极的师幼互动，在民主、平等、宽松的氛围中与幼儿建立起亲密的师幼关系。

2. 建立互助友爱的同伴关系

同伴关系是幼儿生活中重要的人际关系，良好的同伴关系有利于幼儿情感、品德、个性的发展。[①]教师应营造积极支持的环境氛围，引导幼儿学会相互交流自己的思想感情，了解同伴的各种需要，进而产生帮助、合作等亲社会行为。教师还应为幼儿创造友好交往和互动的机会，帮助幼儿学会正确关心他人的行为方式，理解他人的感受，形成相互关心、友爱的班级气氛和良好的同伴关系。

3. 建立团结协作的教师关系

班级教师之间的人际交往对幼儿的社会性培养具有重要的影响，班级教师之间的交往行为会给幼儿带来言传身教的榜样作用。因此，教师间应树立合作意识，相互关爱、互帮互助，幼儿在耳濡目染中也会形成互助友爱的同伴关系，最终营造出温暖、和谐、融洽的班级心理氛围。

---

① 张莅颖．幼儿园班级管理[M].北京:高等教育出版社,2010.

4. 建立平等尊重的家园关系

在幼儿园班级心理环境创设中，教师要树立正确的家园合作观念，与家长在平等的基础上进行合作，通过家园联系簿、家长会、家访、QQ、微信、个别约谈等丰富多彩的沟通形式，建立密切的家园联系，并与家长进行积极的互动，形成教育合力，促进幼儿更好的发展。

第二节
幼儿园班级物品的管理

班级物品是班级环境的重要组成部分，幼儿学习与发展离不开物品支撑，教师的教育教学活动离不开教辅材料，保育员离不开清洁卫生用品。《幼儿园教育指导纲要（试行）》明确指出："幼儿园的空间、设施、活动材料和常规要求等应有利于引发、支持幼儿的游戏和各种探索活动，有利于引发、支持幼儿与周围环境之间积极的相互作用。"班级物品的管理直接影响着班级物品的使用率以及幼儿良好行为习惯的培养，是教师不可忽视的工作。

一、幼儿园班级物品的含义

幼儿园班级物品指的是除班级空间外的一切设备设施和所用之物。[①]班级物品定位、定类、定量有序管理，能给幼儿提供舒适、安全、整洁的环境，既方便教师与幼儿对物品的使用，又为一日活动中各环节的开展提供便利，同时对幼儿的分类、归纳、收拾、整理等能力的培养起到积极的作用。班级物品管理不当会埋下安全隐患，影响师生的活动甚至危及生命安全。

幼儿园的班级物品包括：幼儿生活用品（水杯、毛巾、被褥、碗筷、衣服、纸巾等），幼儿学习用品（水彩笔、超轻黏土、图书、玩具、手工材料、工具等），卫生用品（抹布、拖把、消毒清洁用品、盆、水桶等），教师用品（电脑、电子白板、黑板、教具、教育教学参考用书等），基本设备设施（桌子、椅子、玩具柜、空调、钢琴、床等等）及其他。[②]

---

① 左志宏．幼儿园班级管理[M]．上海：华东师范大学出版社，2015.

② 左志宏．幼儿园班级管理[M]．上海：华东师范大学出版社，2015.

幼儿园班级物品管理是指教师根据班级的教育目标，通过计划、组织、实施、调整等环节，将幼儿园班级内的一切物品进行规划、调整，优化班级物品管理，从而提高班级管理效率，促进教育目标的实现。[①]

通过对班级物品合理、规范、有序的管理，可为幼儿创设一个丰富、健康的生活和活动环境，提高设备、物品的使用效率，更好地服务于教育教学活动，避免浪费和无意义的损坏，还可提高班级管理的效率，培养幼儿良好的物品使用习惯和自理能力。

二、幼儿园班级物品管理存在的问题

班级是幼儿园最基本、最重要、最贴近幼儿生活的真实生活环境。班级物品多且使用率高，物品管理存在以下问题：

（一）班级物品管理的随意性

班级物品的摆放未划分区域，物品存放位置未定类、定位，物品放置杂乱、无标示。放置班级物品根据放置区域的空置位置决定。班级物品管理的随意性，不仅导致取放材料不方便，还存在安全隐患。

（二）班级物品管理的盲目性

班级区角设置、班级物品的管理缺乏科学规划、科学管理、定期整理及相关的制度与标准。物品如何归类、如何放置没有目标，只是简单地清理、堆放。有的幼儿园因为班级场地窄小，或者活动室、午休室未分开，采用随意堆放式放置，导致需要物品时耗费大量时间寻找。

（三）班级物品管理的主观性

班级教师在设置区角、物品定位标识、进区角规则、插卡规则等方面与幼儿的沟通、商量不充分，由教师自行设置，往往导致设置以后幼儿不能按照老师的要求进行收拾、整埋，也无法遵守规则。

① 左志宏．幼儿园班级管理［M］．上海：华东师范大学出版社，2015.

三、幼儿园班级物品管理的原则及方法

(一)幼儿园班级物品管理的原则

1. 安全实用原则

保护幼儿的安全健康是幼儿园的基本责任,《幼儿园教育指导纲要(试行)》明确指出:“幼儿园必须把保护幼儿的生命和促进幼儿的健康放在工作的首位。”班级物品的安全,一方面是材料的安全,要确保无毒、无污染。一方面是物品摆放的安全,电子产品、电源插座、玩具、悬挂物、墙饰、活动器械的摆放需符合安全规范。班级物品的收集避免多多益善,应根据幼儿学习、生活、活动的需要以及幼儿的身心特点设置区角、丰富材料。

2. 动态发展原则

班级物品是教师开展教育教学活动的物质保障,是幼儿生活、学习、游戏的重要保障,是促进幼儿发展的重要支柱。班级物品的提供应根据教育教学活动的变化及时整理、补充、丰富活动材料,为幼儿创设温馨、健康、丰富的活动环境,更好地服务于教育教学活动及一日活动的开展,还要根据季节的变化及时调整,比如根据气候的变化及时更换被褥等。

3. 物尽其用原则

在班级物品的管理中,应避免物品进行堆放式投放,而应根据需要逐步投放,精打细算,不铺张、不浪费。纸箱、奶罐、纸杯、易拉罐、矿泉水瓶等都可以再利用,教师可引导充分发挥幼儿的想象力、创新力,使其一物多用,变废为宝,既培养幼儿创造能力,同时在潜移默化中培养幼儿勤俭节约的美德。

4. 共同参与原则

班级物品的管理不只是教师和保育员的职责,还是班级中每一位成员的职责,老师和幼儿都是班级的主人和班级物品管理的主体,老师应根据幼儿的年龄特点,与幼儿共同制作标识、制定班级物品管理的规则、规划班级区域,调动幼儿参与物品清洁、整理、整顿的积极性、主动性,培养幼儿科学管理物品、定位收放物品等良好的习惯,培养幼儿的责任感和按类别收拾整理物品的能力。

（二）幼儿园班级物品管理的措施及方法

1. 幼儿园班级物品管理的措施

（1）建立健全合理分工的班级物品管理制度

班级中的教师、幼儿是一个整体，班级物品的管理人人有责。各班应根据实际情况制定班级物品管理制度，按照“共同规划、分工合作、用管结合”的原则进行管理。保育员负责班级物品的整理、清扫、消毒工作，教师负责教学用品、幼儿学习、游戏用品的规划，并组织幼儿参与到物品的整理中，保证物品的摆放规范、有序。班级物品的管理既要分工又要合作，共同管理，做到有序管理，物尽其用。

（2）班级物品管理与行政事业单位资产管理结合

幼儿园的班级物品因班级幼儿人数的增减或者地点变换，班级物品会有变化。因此，班级物品管理可与幼儿园的资产管理相结合，每个班建立班级物品登记表，对班级内的设备设施、各类用品进行登记。每学期初和学期末对班级物品进行清理登记，如有损坏的资产，填报班级物品报损清单上报幼儿园资产管理部门，对进入固定资产管理的资产进行报废资产处置。每学年班级地点变换，清理、登记资产后，交接班级的老师对班级物品确认、签字，确保资产妥善、规范、有序管理，不流失。班级物品的登记、报废与幼儿园的固定资产管理结合，凡是登记入账的固定资产，须登记“资产编号”“资产名称”“入账时间”“品牌”等信息，并填列表中对应项目，便于资产的管理（表6-2-1）、报损（表6-2-2）等。如果班级物品的存放划分了区域，表中可增加一栏“存放地点”一栏。

表6-2-1　班级物品登记表

序号	资产编号	资产名称	入账时间	品牌	单位	数量	清查时间	交接人	清查时间	交接人

表 6-2-2　班级物品报损清单

序号	资产编号	资产名称	入账时间	品牌	单位	数量	损毁情况记载	备注

（3）满足幼儿需要，提供幼儿存放个人物品的空间

《3-6 岁儿童学习与发展指南》建议幼儿园班级“提供一些纸箱、盒子，供幼儿收拾和存放自己的玩具、图书或生活用品等”。因此在条件允许的情况下，教师可给幼儿准备一个柜子或箱子，满足幼儿“个人空间”的需求，同时为幼儿自主管理个人用品提供机会。

2. 引入“6S”管理方法，科学管理班级物品

在幼儿园班级物品的管理中，引入“6S”管理可提高管理效率，6S 自主管理的能力，让幼儿真正成为班级小主人，并将这种有秩序的行为方式，迁移到学习、生活中。

（1）“6S”管理简述

“6S”管理起源于企业，由日本企业的5S扩展而来，内容包括：整理（Seiri）、整顿(Seiton)、清扫(Seiso)、清洁(Setketsu)、素养(Shitsuke)、安全(Security)六个方面，因为6个项目的日语名称的罗马拼音以“S”开头，简称“6S”，其目的是通过规范生产现场的人员、机器、材料、方法等，营造一目了然的生产环境，其作用是提高效率，保证质量，使工作环境整洁有序，预防为主，保证安全。“6S”是一种行之有效的现场管理方法，是秩序化、规范化的保证，“6S”项目的含义如下（图 6-2-3）：

表 6-2-3　“6S”项目含义表

项目	项目概念	简要描述
整理	区分必需品与非必需品	要与不要，一留一弃
整顿	将必需品有序放置	科学布置，取用快捷
清扫	将不需要的东西清除掉，保持工作现场无垃圾、无污秽状态	清除垃圾，美化环境
清洁	将整理、整顿、清扫进行到底，并且标准化、制度化	形成制度，贯彻到底
素养	通过对前“4S”的坚持，形成习惯，提升素质	形成制度，养成习惯
安全	清除隐患、排除险情、预防事故发生	安全操作，生命第一

（2）运用“6S”管理班级物品策略

①整理物品，腾出空间，创设整洁美观、规范有序的环境。

整理是“6S”活动的第一步，要进行的工作就是把不要物清理出来。清理的过程主要包括：现场检查、确定不要物判断标准、进行不要物处理。[①]

现场检查是整理的第一步，通过现场检查确定出必需品，才能对非必需品进行处理。现场检查可利用蟑螂老鼠法和下班后检查法进行。蟑螂老鼠喜欢待在阴暗的角落，行动的时候喜欢沿着墙角出现在不引人注意的地方，这些地方常常会比较杂乱、有杂物、灰尘等，是检查的重点，比如班级的柜子上下、床下、杂物间、储藏室、柜子里等地方。下班检查法就是在幼儿离园以后对班级物品进行检查，及时发现物品放置的问题。

现场检查要对班级的非必需品进行辨识，辨识非必需品的要点是使用频率。通过整理，清除班级物品零乱的根源，腾出空间，既提高班级空间的利用率，又降低了空间拥挤带来的安全隐患。比如：根据主题活动的进展情况及幼儿活动情况，确定区角是否保留，区角材料是否进行新材料的投放。如果需要更换区角，根据材料的使用价值区分是否保留，如需保留的放置在箱子里，做好标识放置在储存室，以备以后使用。已损毁和无保留、无使用价值的果断丢弃。

②整顿物品，科学规划，根据“三定”方法放置班级物品。

所谓整顿就是根据使用的频率、功能和种类，将有用物品进行分类并贮存在适当地方，并将物品及存放地点加以标识，使任何人都能清楚地知道物品存放的地点和数量。[②]经常使用的物品放在便于取放的位置，幼儿的药品、班级消毒、洗涤等用品专门保存。

物品的放置根据“三定”的方法进行，“三定”是指定位、定类、定量。定位是指物品摆放的位置按照使用频率、使用顺序、重低轻高、大低小高的原则确定。在确定物品放置位置时根据物品的功能、使用的频率进行定类及定量的科学规划及管理。通过“三定”确定物品摆放位置及方法后，对物品的摆放进行目视化管理[③]，在物品放置的位置及区域画线或悬挂、张贴标示，打造一

---

① 宋文强.图解6S管理实务[M].北京:化学工业出版社,2010.

② 王承辉,刘洪.6S管理教程[M].北京:化学工业出版社,2015.

③ 王承辉,刘洪.6S管理教程[M].北京:化学工业出版社,2015.

目了然、容易归位的环境。根据幼儿的年龄及认知特点，师生共同商议确定物品标示和位置标示，用图夹文（图 6-2-1、图 6-2-2）、线条（图 6-2-3）、图形或颜色（图 6-2-4）、名字（图 6-2-5）、数字（图 6-2-6）等标示标明物品的摆放位置及摆放秩序。从显性逐渐向隐性过渡，让幼儿学会有秩序的摆放。使用物品后放回固定的地方，以便下一次使用。

图6-2-1 图夹文标示（1）

图6-2-2 图夹文标示（2）

图6-2-3 画线标示

图6-2-4 图形颜色标示

图6-2-5 数字与姓名标示

图6-2-6 数字标示

班级的设备设施（空调、钢琴、电脑、幼儿床、多媒体）一般采用固定放置方法，班级中物品管理的重点和难点是区域活动材料及物品的管理。区域是幼儿游戏的主要场所，也是班级物品集中的地方。在区域标示设置上，小班幼儿以直观形象思维为主，可以通过区域玩具的照片、点卡、实物卡等对应玩具实物，中班幼儿已经从直观形象性思维向逻辑抽象性思维过渡，可以采用不同数量的动物匹配、图形对应等，大班幼儿逻辑能力较强，可以用数字、问题符号、自主设计区域标记来提高一定的难度。通过幼儿参与区域管理过程，提高幼儿的主动性和自主管理能力，使班级物品的摆放变得更有序、更整洁。让幼儿了解区域游戏及物品管理的内涵，才能真正建立良好的秩序，科学、规范地管理班级物品（见图6-2-7、图6-2-8、图6-2-9、图6-2-10）。

图6-2-7 按标示定位放置美工材料及用品

图6-2-8 按标示定位放置玩具

图6-2-9 按标示定位放置毛巾、自然角物品

图6-2-10 按标示定位放置活动区物品

③及时清扫，彻底清洁，养成持久有效的清洁习惯。

清扫是检查的一种形式，通过清扫保证班级环境、物品的干净整洁。为了确保清扫工作的效果，班级每个人都应参与到清扫工作中，做到不漏人、不漏区域，还可用可视化标签提高清扫效果。可视化清扫标签包含清扫区域名称、区域主人、清扫周期、清扫工具、清扫方法等，做到边清扫边检查。清扫时根据幼儿园制定的清扫作业标准定期、定时进行清扫，对容易遗忘的角落（储藏室或杂物间）、清扫困难部位（空调后面、床下面、柜子上面下面）、容易脏乱的地方(活动区、卫生间)进行重点清扫。清扫检查时,关注细节与角落,多注意设备设施顶部、底部、柜子里面等容易藏污纳垢的地方。通过认真、细致的清扫保证班级环境、物品干净、整洁、规范、有序。

除了常规性的清扫,对于儿童的生活用品、玩具,按照《托儿所幼儿园卫生保健管理办法》要求消毒,保持干净,并做好记载(表6-2-4)。

表6-2-4　班级卫生消毒检查记录表

班级:

日期	班级	消毒检查记录										
		开窗通风	餐桌	床围栏	门把手	水龙头	图书晾晒	玩具	被褥晾晒	厕所	其他	……

整理、整顿、清扫是"6S"管理的行为动作,清洁则是结果。清洁的目的是养成持久有效的清洁习惯,维持整理、整顿、清扫的成果。班级教师和幼儿共同遵守物品整顿的定位、画线、标示,彻底塑造物品明朗化的班级环境,确保设备设施、班级环境规范、有序、美化、优雅。不断总结、完善班级物品管理的制度,用制度化带动常态化。

④清除隐患,确保安全,提升素养。

安全是开展教育教学活动最基本的保障,合理布局班级区域活动的设置与物品的摆放,科学、安全地规划、利用班级空间,有利于消除和控制危险因素,确保幼儿活动中的安全。通道、活动区的物品摆放按要求放置,幼儿常用的玩教具材料,如积木、手工纸、超轻黏土、橡皮泥、水彩笔、图书、桌面玩具、剪刀、抽纸等,摆放既要考虑幼儿的身高、年龄特点,又要满足幼儿的需要。有害、危险物品专门放置、专人管理;定期检查班级物品、设备、设施有无损坏,及时排除安全隐患;电源插座、消防设施等安全标识要明显,并标明禁入区域。

素养是"6S"的重心,是整理、整顿、清扫、清洁定型化的成果。班级教师和幼儿在共同规划、设计标识、区域活动秩序等过程中,学会遵守规则,养成良好的习惯。幼儿是“6S”管理的主体，一切的创设、创造与创新，都是为了让幼儿在一种有序的环境中，学会自我管理。先进的“6S”企业管理与班级物品管理、环境创设的相结合，既规范班级物品管理，同时又提高了班级管理的效率。幼儿从参与整理物品、摆放物品、收放物品，逐渐过渡到学习的自主。如：创设一日生活时间表等，让幼儿通过不同时间段的图文解读，了解每个时间段应该做的事情，从而提高幼儿学习的自主管理能力，体验到自主管理的成就感，从不同的层面促进幼儿个体能力的发展。（见图6-2-11、图6-2-12）

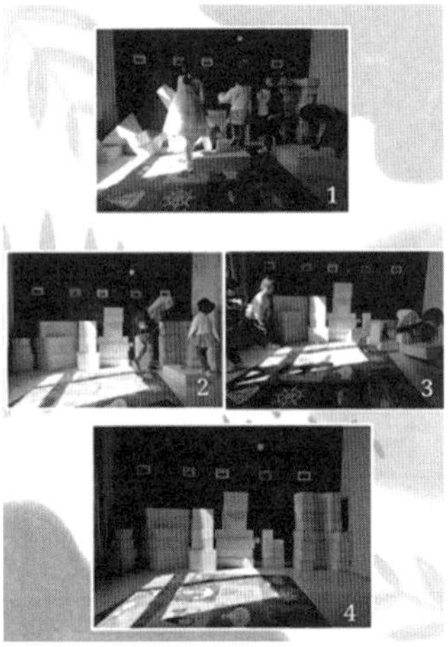

图6-2-11 幼儿自主管理活动区物品(1)

图6-2-11 幼儿自主管理活动区物品(2)

第三节
幼儿园班级的文案管理

一、幼儿园班级文案管理的含义和作用

有学者认为，幼儿园班级文案是指教师依据幼儿园教育目标，为促进教师自身专业发展或执行班务而写的相关文章，主要包括教师教育笔记、观察记录、个案分析、保育笔记、班级工作计划、家园联系手册等。在本节中，幼儿园班级文案是指教师按照幼儿园工作要求，根据教育教学活动的需要而制定的各类计划、填写的各种表册以及撰写的教育日志、观察记录、家园联系手册、幼儿成长档案等，它涵盖了教师班级日常管理工作的方方面面。

幼儿园班级文案管理则是指教师对班级文案材料的收集、整理、归类和存放等，它是教师工作业绩的呈现和工作经验的积累，能帮助教师反思自己的班级管理行为和教育行为，有助于提高教师的班级管理效率和教育教学水平，全面提升幼儿园保教工作质量，使幼儿园工作更加有序、有质和高效。

二、幼儿园班级文案的主要内容

（一）工作计划

幼儿园班级工作计划是班级管理者在一个学习时期内，根据班级情况为其制定发展目标以及为实现发展目标而设计的措施方案，它是教师对班级工作的一种设想与工作思路。制定班级工作计划必须依照《幼儿园教育指导纲要（试行）》和《3-6 岁儿童学习与发展指南》等纲领性文件，符合班级幼儿身心

发展特点及其学习、成长需要。幼儿园班级工作计划的制定与执行直接影响着幼儿园的管理秩序,能帮助教师在工作中找到明确的方向,建立清晰的思路,有序地开展教育教学工作,促进幼儿身心健康和谐发展,提高教师的专业素养。按照时间跨度,幼儿园班级工作计划一般包括班级工作计划、学月工作计划、每周工作计划、一日工作计划及其他工作计划,体现了班级工作开展的阶段性和层次化等特点。

1. 班级工作计划

班级工作计划是班级教师和保育员在开学之初制定的一种计划,是整个学期班级工作总的行动纲领。其基本结构包括以下几个方面:

(1)班级情况分析:包括班级幼儿组成情况(人数、年龄、男女比例、家庭情况等)、幼儿现阶段身心发展情况、幼儿发展有待提高之处、家园配合状况、班级教师组成情况等(见表6-3-1)。

表6-3-1 班级情况分析表

项目	内容	
班级情况分析	幼儿方面	组成情况(男女比例、年龄构成等)、发展现状及有待提高之处
	家长方面	家长文化程度、职业,家园配合现状
	教师方面	班级教师配备及教师的基本情况

(2)学期工作目标:可由幼儿学习与发展目标、家长工作目标、其他工作目标三部分构成(见表6-3-2)。

表6-3-2 学期工作目标表

项目	内容	
班级工作目标	幼儿学习与发展目标	幼儿德、智、体、美等方面的预期效果
	家长工作目标	家长学校授课、家园配合实践活动的预期效果
	其他工作目标	幼儿安全工作、班级环境创设、游戏活动开展等构想

(3)班级工作措施:围绕班级工作目标的实现,对每一项任务的完成提出

具体的要求、手段和方法。（见表6-3-3）

表6-3-3 班级工作措施

项 目	内 容	
班级工作措施	实现幼儿发展目标的措施	教育教学工作措施和生活管理措施
	实现家长工作目标的措施	家长学校授课、家访、亲子实践活动等办法
	实现其他工作目标的措施	安全教育、安全隐患排查、班级环创和区角

（4）重要活动安排：结合幼儿园工作重点和班级工作目标，按照时间顺序，策划和安排本学期要开展的重要活动，预设出活动具体内容和开展时间、组织形式、负责人等。如：春季种养殖、亲子运动会、“六·一”庆祝、重阳节为老人送温暖等。（见表6-3-4）

表6-3-4 重要活动安排表

项目时间	第一周	第二周	第三周	第四周	第五周	……
工作内容	安全教育					
开展方式	消防演练					
主要负责人	全体教师					
备 注	上午10:00					

值得注意的是，学期工作计划的制定一定要吸纳和听取班级全体教师及家长代表的建议，不能搞“一言堂”，要体现集体的智慧并达成一致。在对班级情况进行分析时，一定要做到客观和具体，既要考虑班级管理工作中的有利条件和可利用资源，又要不回避存在的主要问题和不利因素，以便于定目标、添措施。另外，所制定的工作目标要紧密围绕《幼儿园教育指导纲要（试行）》和《3-6岁儿童学习与发展指南》，要贴近幼儿的最近发展区，具有科学性和时代性。在实施措施部分，活动内容的选择和开展要符合幼儿的年龄特征，体现游戏性、趣味性和新颖性。

2. 学月工作计划

学月工作计划制定于每月初，主要包括月工作重点、主要活动安排等。由于幼儿园的教育活动形式大多是以主题活动的形式进行，每个主题的课程完成周期大约一个月，因此，班级每月工作计划也可以用主题教学网络结构图的方式呈现（见图6-3-1）。

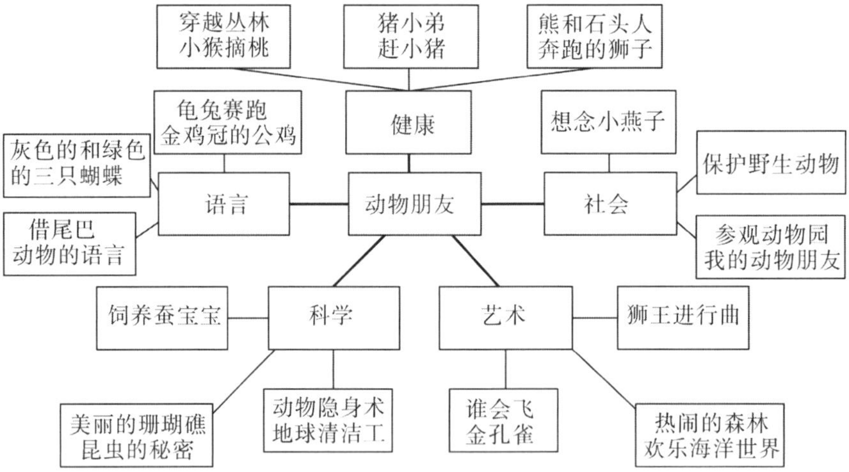

图6-3-1 “动物朋友”主题教学网络结构图

3. 每周工作计划

每周活动计划是班级一周工作重点、每日主要活动安排的预设和规划。工作重点内容包括安全工作、保教工作、家长工作等方面，每日活动安排包括生活活动、学习活动、游戏活动和户外活动。幼儿园一日活动环节的安排要考虑季节、天气等因素，做到科学、合理。

4. 一日工作计划

一日活动计划是教师按照周计划里安排的活动内容，将一日生活环节中的主要活动（如集体教学、游戏、户外锻炼等），按其活动时间、活动内容、活动目标、活动准备、活动形式、活动过程和活动效果进行的设想和规划，通常以半日活动计划和教案两种方式呈现，帮助教师有条不紊地组织开展活动。

5. 其他工作计划

除以上计划外，班级按照幼儿园工作部署或自身需要组织开展的另外一些活动也需要提前制定相应计划，以确保活动顺利进行。如：家长会计划、野外踏青计划、“小能手”比赛活动计划等。制定计划时，需写明活动内容、目标、准备、过程、要求等。

（二）表册和记录

作为一名合格的教师，不仅要学会认真制定各类计划并努力付诸实践，在实践中不断提高自己的教育教学水平，而且要做一个耐心细致的“有心人”，一丝不苟地完成班级各类表格和手册的填写，以向幼儿园管理人员和家长提供最真实的文字记载或数据。

1. 每日情况记载

真实反映班级幼儿每日的出勤、活动和家访等情况，尤其对班级突发事件（如幼儿生病、意外事故等）的发生和处理情况进行详细记录。

2. 家园联系手册

家园联系手册是与家长进行书面联系，向家长如实反映幼儿在园生活、学习、同伴交往、游戏和锻炼中的表现情况，征求家长的建议和意见，共同探讨科学育儿方法和途径的文本材料。教师可以在手册中向家长介绍幼儿最近一周各方面的进步或存在的主要问题，同时向家长了解幼儿在家表现情况，从而达成一致的教育观念和同步的教育方式方法。

3. 幼儿观察记录

幼儿观察记录是指教师根据一定的教育目标，对幼儿在日常生活、游戏和学习活动中的行为进行较为细致的观察和记录，并将其作为分析幼儿个性特点和发展情况的重要依据。幼儿在学习、生活和游戏等活动中的表现各有不同，是因为他们的生活经验、学习能力、个性和习惯存在着差异。观察记录能称为教师解读幼儿的一把钥匙，帮助教师实现因材施教和个别化教育。

4. 幼儿个案分析

幼儿个案分析是指教师通过记录，回味和讨论幼儿生活、学习过程中的特殊典型案例，借此来解读幼儿行为，对幼儿的学习与发展状况进行评价，从而找到利于幼儿成长的最佳途径的一种重要方式。它简便有效、易于实施。

此外，根据幼儿园工作的需要，还有幼儿接送人员登记表、带药服药登记表、幼儿午休情况登记表、班级消毒情况记载等表册也需要教师及时填写，教师要按照幼儿园的安排认真完成每一项任务。

5. 家长学校工作手册

家园配合工作是幼儿园工作的重头戏。幼儿园一般成立有家长学校，会开展定期授课和其他形式的家园配合活动。教师要认真填写家长学校工作手册，实事求是地描述班级家园配合情况，包括活动开展、好书好文推荐、网络平台互动等。

(三)教师教育笔记

教育笔记是教师在工作中所闻所见与所思所想的真实记录，能让教师及时记录和梳理在保教工作中遇到的各式各样的问题，促使教师用教育学、心理学等理论知识去探求问题的解决答案。在此过程中，教师能不断积累保教工作经验，认清幼儿教育规律，增强职业情感和职业情操，提升教育智慧。养成写作教育笔记的习惯大有裨益，需要教师持之以恒，让这些累积的材料有朝一日成为自己教师生涯的美好回忆和有力见证。

(四)会议、听课记录

根据工作需要，幼儿园会定期召开教师会和开展园本教研、听课评课等活动。教师要按照幼儿园统一要求，认真记好笔记。会议记录要写清楚会议召开的时间、地点、主持人和主讲人姓名、会议主题和基本内容。听课笔记要写清楚听课的时间、地点、执教教师姓名、所执教班级、活动主题、活动过程、活动评析(或意见和建议)等。

(五)读书笔记

为提高自己的专业素养，教师要养成阅读专业书籍和报纸、杂志的习惯。在阅读过程中，要用专门的笔记本记录下文章中自己感兴趣的观点和实用的内容，也可以简单写下自己的阅读体验和感受。

三、幼儿园班级文案管理的办法和要求

(一)资料齐备

幼儿园一般会在开学初布置教育教学和班级管理的各项任务，并发放需要填写的相关纸质材料。教师要妥善保管好所有的材料，按其作用放置在便

于取放和书写的地方，及时填写和完成。按期发放给家长的手册类材料，要及时收回并清点。要不定期地对各种材料进行检查和整理，确保资料齐备和完整。有条件的幼儿园，教师最好把教育笔记、观察记录、个案分析之类的材料，另用电子文档存放在电脑里，便于修改和永久保存。

（二）清楚规范

在填写表册和手写纸质材料时，教师要做到填写完整、字迹工整、格式正确、页面美观。表册的封面所填写的时间、班级、姓名等要清楚、具体，表册里填写的内容要与标题或项目相符合，做到言之有物。

（三）方便查看

文案材料是一个班级所有工作情况的记录，也是幼儿园汇总档案材料时的重要内容，无论是集中保管还是分人保管，都要做到便于园所管理人员、班级教师和自己随时查看。

（四）精心保管

属于教师个人的材料（如教育笔记、读书笔记等）可由教师自己保管，属于班集体的材料则需要有固定的地方存放。教师要根据幼儿园的档案管理制度，将不同的文案材料进行分类和整理，并放在幼儿拿不到的地方。

第四节 幼儿园班级的信息管理

一、幼儿园班级信息管理的内涵及意义

（一）幼儿园班级信息管理的内涵

幼儿园班级信息是指关于每个幼儿及其家庭的相关信息，也包括班级内部活动的一些宣传信息。主要包括幼儿信息、班级教育活动信息和班级日志信息等。[①]幼儿园班级信息管理就是以现代信息技术为手段，对班级幼儿信息、家长信息、教师信息、活动信息等资源进行统计、分析、汇总的活动。通过分析了解幼儿的发展状况，制定出下一阶段的培养目标、活动内容、教育策略及方法，达到促进幼儿富有个性地成长目的。

（二）幼儿园班级信息管理的意义

教师收集整理班级信息的过程中，一方面，应了解幼儿的家庭情况，对单亲家庭、低学历家庭、低保家庭、留守儿童、特殊儿童等情况进行梳理，以便于根据幼儿的具体情况确定针对性的教育策略，更好地促进幼儿身心健康和谐地成长。另一方面，教师收集整理教育活动信息是对实施教育及其影响的反思，是对幼儿学习情况的观察、分析、总结的过程。在这个过程中，教师能及时发现问题，调整策略，从而提高保教质量。班级信息管理工作对班级保教工作的评估提供了素材，为幼儿园的资料收集、整理提供了历史资料，为幼儿园工作的决策提供了依据。在收集整理班级信息资料的过程中，通过与家长

① 左志宏.幼儿园班级管理[M].上海:华东师范大学出版社,2015.

的沟通、交流，密切家园联系，促进家园合作。

二、幼儿园班级信息管理的具体内容

（一）幼儿信息

1. 幼儿学籍档案

幼儿的学籍信息包含幼儿姓名、性别、出生年月、身份证号码、家庭住址、家长姓名、联系电话等。学籍档案为教师了解幼儿提供了第一手资料，在登记幼儿基本信息时，幼儿的家庭成员的构成、学历、工作情况等应如实、详尽、正确的登记，保证真实、准确反映幼儿成长的环境、家庭教育的状况、成长状态。班级教师为幼儿建立学籍档案，每学期报名时根据幼儿家庭住址、家庭变化、联系方式进行更新，保证信息的真实性、时效性。

2. 幼儿成长档案

幼儿成长档案是对幼儿成长过程的记录。包含幼儿在幼儿园生活、学习、游戏过程中的照片、观察记录、孩子作品、教师评语、家长信息反馈以及语音、视频等材料。[①]幼儿的成长档案能及时地反映幼儿的兴趣特长、爱好、参与活动的态度及状态，以及活动的完成情况、发展状况、成长情况。成长档案的时效性、发展性、过程性符合发展性评价的理念，将评价过程与结果融为一体，通过观察、谈话、作品分析、追踪记录等实时、全面、真实记录幼儿成长的过程。在收集整理幼儿成长档案时，调动家长的积极性，积极、主动地参与到幼儿成长资料的收集中，对教师观察记录、活动情况、教师评语做出积极的回应，并及时提供幼儿回家以后的活动材料及有趣的、特别的成长故事，丰富幼儿成长档案的内容，一起分享幼儿成长的点点滴滴，为幼儿留下一份美好的回忆。

3. 特殊儿童信息

幼儿园的特殊儿童指特殊需要的儿童，如：自闭症儿童，脑瘫儿童、听力障碍儿童、发展迟缓儿童等，在融合教育的趋势下，特殊儿童随班就读的比例

① 左志宏.幼儿园班级管理[M].上海:华东师范大学出版社,2015.

会大大增加。特殊儿童的基本信息除学籍信息外，患病情况、治疗情况、家庭教育情况都要求家长如实提供，这为教师制定对幼儿的教育策略提供有效的依据。

4. 家长信息

家长信息是幼儿园班级信息中重要的组成部分，班级教师有针对性收集相关资料，如：家长姓名、职业、工作单位、特长、家庭住址、联系电话、家庭教育情况等。这些信息有助于教师了解每个家庭教育方式，有针对性地指导家长，也有助于教师了解特殊孩子家庭的背景，在教育中有的放矢。家长的职业、特长有助于班级活动时提供有力支持。

（二）班级教育信息

班级教育信息是在教育教学活动、游戏活动中形成的有参考价值和保存价值的信息收集、记录和整理。[①]班级教育信息包括班级各类计划、活动方案、活动反思、教育随笔、活动照片、班级参加园内活动情况、观察记录等。

班级教师收集整理班级教育信息，通过家园联系栏、班级QQ群、微信群、公众号进行推送。将有推广价值的活动案例、教育反思、区角创设形成经验提供给幼儿园进行存档、推广。

（三）班级日志

班级日志包含班级、时间、班级教师、保育员、幼儿出勤、晨检情况、幼儿健康状况、午休情况、带药情况、当天发生的事件等等。[②]班级日志必须如实填写，并在交接班时对特殊情况、需与家长交流、说明的情况进行交代。

幼儿的健康信息包含幼儿的身体信息：身高、体重、既往病史、遗传病史、过敏史等，安全信息包含幼儿的固定接送人、委托接送人、出勤信息、接送情况登记等。

---

① 左志宏.幼儿园班级管理[M].上海:华东师范大学出版社,2015.

② 左志宏.幼儿园班级管理[M].上海:华东师范大学出版社,2015.

三、幼儿园班级信息管理的方法和途径

（一）通过各种途径全面、有效收集信息

当今社会已进入信息化时代，人工智能时代逐步发展。教师应利用网络、家长、园长、同事等资源，捕捉、收集、整理有价值的信息，学习新的理念、新的方法、新的经验、新的做法，开阔眼界，转变理念，丰富专业知识，提升教育能力。

（二）制定计划，分类整理，方便查阅

班级教师在学期初对班级信息的收集制定出计划，每个月开展哪些主题及活动，需要收集什么资料，对于收集的幼儿信息、教育信息、班级日志，按照“6S”管理的方法，对资料就行整理、整顿，并进行分类。根据信息的使用频率利用标识、颜色等科学管理、放置信息资料，方便使用、查阅资料。

（三）妥善保管，保护隐私，禁止泄密

班级收集的家长、幼儿信息中包含家庭住址、家长隐私、婚姻状况、家长不良嗜好、幼儿病史、幼儿特殊情况等，班级教师要妥善保管班级信息，不得泄露家长及幼儿信息，不得随意向外提供幼儿及家长的基本信息，防止他人利用信息造成安全隐患。

（四）家园合作，完善信息

家长是幼儿园重要的合作伙伴，更是班级中不可或缺的重要组成部分。班级信息的收集、活动的开展都离不开家长的支持与配合，家长是重要的信息收集渠道。因此班级信息的收集应充分调动家长的积极性，并能积极配合提供真实、有效的信息，为教师制定教育教学计划、实施一日活动、指导家庭教育提供保障。比如在开展的主题活动中需要家长和孩子共同收集活动材料、查阅主题活动信息，没有家长和幼儿的参与，活动无法保障；再比如幼儿的成长档案没有家长和幼儿的互动与参与，成长档案就不完整，也不能体现幼儿的成长。教师、家长、幼儿的共同参与，既密切了家园合作，又保障了班级信息的丰富性和全面性、完整性。

思考与练习

想一想：

1. 班级物品管理的原则及方法是什么？

2. 如何利用“6S”管理班级物品？

3. 班级信息的具体内容是什么？

4. 利用“6S”管理方法对宿舍或家进行整理、整顿、清扫，通过“三定”方法进行科学规划，定位、定类、定量放置物品，营造一个整洁有序的环境。

参考文献

[1] 中华人民共和国教育部.幼儿园教育指导纲要(试行)[M].北京:北京师范大学出版社,2015.

[2] 教育部教师工作司.幼儿园教师专业标准(试行)解读[M].北京:北京师范大学出版社,2013.

[3] 李季湄.冯晓霞,《3-6岁儿童学习与发展指南》解读[M].北京:人民教育出版社,2013.

[4] 左志宏.幼儿园班级管理[M].上海:华东师范大学出版社,2015.

[5] 刘炎.何梦燚,幼儿园教育环境创设[M].北京:高等教育出版社,2014.

[6] 袁爱玲.幼儿园教育环境创设[M].北京:高等教育出版社,2010.

[7] 赵春龙.幼儿园班级管理[M].长沙: 湖南大学出版社,2016.

[8] 侯娟珍.幼儿园班级管理[M].北京: 北京师范大学出版社, 2016.

[9] 张莅颖.幼儿园班级管理[M].北京:高等教育出版社,2016.

[10] 张富洪.幼儿园班级管理[M].上海:复旦大学出版社.2013

[11] 罗钧耀,石磊.幼儿园班级管理[M].北京:科学出版社, 2014.

[12] 康丹,阮巧英.浅论幼儿园班级墙面环境的创设[J].基础教育研究2010,17.

[13] 李小红.农村幼儿园活动区角创建的原则[J].湖北教育·综合资讯,2016,03.

[14] 赵娜.6S在幼儿园班级管理中的实践与思考[J].启迪与智慧,2015,11.